Mosaik

Vernon Coleman

STRESS & Relaxation

100 Strategien für mehr Gelassenheit
Mit vielen Checklisten
zur Selbstkontrolle

Mosaik Verlag

Hinweis

Dieses Buch ersetzt nicht den persönlichen Rat des medizinischen Fachmannes. Wenn es um Ihre Gesundheit geht und insbesondere um Krankheitssymptome, die eine Diagnose und Behandlung erfordern könnten, müssen Sie Ihren Arzt oder Ihre Ärztin zur Untersuchung aufsuchen.

Originalverlag: Hamlyn, ein Unternehmen von Reed Consumer Books Limited, London 1993
Originaltitel: *Stress and Relaxation*
Übersetzung: Ursula Fischer
Umschlaggestaltung: Martin Eisele
Umschlagfoto: Stock Imagery/Bavaria

Der Mosaik Verlag ist ein Unternehmen der Verlagsgruppe Bertelsmann

Satz: Filmsatz Schröter GmbH, München
Printed in China
ISBN 3-576-10297-3

Inhalt

KAPITEL EINS

Die Ursachen von Streß

Wir leben in seltsamen, schwierigen und verwirrenden Zeiten. In mancher Hinsicht, besonders materiell, sind wir reicher, als unsere Vorfahren es waren. In anderer Beziehung, besonders seelisch, sind wir unendlich viel ärmer.

Die meisten von uns haben ein wohlausgestattetes Heim, über das unsere Urgroßeltern nur so staunen würden. Wir drehen einen Hahn, und es fließt (relativ) reines Wasser. Wir drücken einen Schalter, und wir haben Licht, um zu arbeiten, und Wärme, um zu kochen. Wir haben automatische Heizungen, Waschmaschinen, Wäscheschleudern, Geschirrspüler, Küchenmaschinen, Staubsauger, Fernsehgeräte, Videorecorder und eine ganze Menge anderer Erfindungen, die unsere Arbeit erleichtern und unsere freie Zeit länger oder angenehmer gestalten. Binnen Stunden können wir Tausende von Meilen weit reisen.

Wir haben eine Welt geschaffen, in der wir ohne künstliche Hilfsmittel nicht mehr zu Rande kommen, wobei Einsamkeit, Niedergeschlagenheit, Ängste und Depressionen heute weiter verbreitet sind als je zuvor in unserer Geschichte.

Wir sind umgeben von Zeugnissen unseres Wohlstands und den Errungenschaften des menschlichen Erfindungsgeistes; aber wir sind von diesen Produkten so abhängig geworden, daß wir gereizt und aggressiv reagieren, wenn sie einmal ausfallen.

Wann schon hat es so viele traurige, unzufriedene und frustrierte Menschen gegeben? Der Bedarf an Beruhigungsmitteln und Schlaftabletten ist im gleichen Maß gestiegen wie unser nationaler und persönlicher Wohlstand.

Wir verfügen über hochentwickelte Kommunikationssysteme und beherrschen unsere Umwelt in einem nie dagewesenen Ausmaß; doch wie verwundbar und abhängig sind wir durch das System, das wir geschaffen haben! Materiell geht es uns gut, doch unsere geistig-moralische Entwicklung hat nicht Schritt gehalten. Wir haben den größten Teil unseres Planeten erobert und ein Stück vom Weltraum dazu; aber wir sind erbärmlich unfähig, miteinander in Frieden zu leben.

Wir werden immer reicher, aber gleichzeitig auch furchtsamer und seelisch ärmer. Je mehr wir anschaffen, desto mehr scheinen wir zu brauchen, und je mehr wir lernen, desto größer wird unsere Ignoranz. Je besser wir unsere Umwelt unter Kontrolle bringen, desto mehr verwüsten wir sie. Je erfolgreicher wir werden, desto kläglicher verhalten wir uns. Je mehr unsere Kenntnisse zunehmen, desto mehr vergessen wir unsere Verantwortlichkeiten füreinander.

Wie Industrie und Werbung unsere Wünsche zielstrebig in Bedürfnisse verwandelt haben, so haben wir Großherzigkeit und Fürsorge gegen Habgier und Selbstsucht ausgetauscht. Politiker und Lehrer, Wissenschaftler und Eltern haben jede nachfolgende Generation ermutigt, ihre einfachen Träume und Hoffnungen in brennenden Ehrgeiz umzusetzen. Dem Fortschritt haben wir Freundlichkeit, Gemeinsinn und Nachdenklichkeit geopfert, und die Schwachen und Gutherzigen sind von Zukunftsfanatikern mit Füßen getreten worden. Es ist eine traurige Gesellschaft; die Eckpfeiler unserer Welt sind Selbstsucht, Habgier, Unmut und Haß.

In den letzten 50 Jahren haben wir unsere Welt verstümmelt. Mit Hilfe der Psychologen haben clevere Werbetexter gelernt, unsere Schwächen, Ängste und naturgegebenen Bedürfnisse auszunutzen, um Nachfrage nach neuen, immer teureren Produkten zu schaffen. Unsere Welt hat sich dramatisch verändert. Tradition, Würde, handwerkliches Können, Werte und Tugenden sind beiseite geschoben worden auf der Jagd nach höherer Produktivität.

Wen überrascht es da, daß all diese Veränderungen neuen Streß und neue Spannungen hervorgebracht haben. Der Zwang zum Erfolg, zu Konformität und Erwerb garantiert, daß der Grundstock des täglichen Streßanfalls auf einer gefährlich hohen Ebene fixiert ist.

Giftiger Streß

Jeder von uns ist mit Streß konfrontiert. Wo man hinschaut, nimmt man individuelle und persönliche Streßbelastungen wahr. Es gibt sie im Geschäftsleben wie in unseren sozialen Beziehungen. Einmal ist da eine Art elementarer, einfacher Streß – wenn man gerade die Stromrechnung nicht bezahlen kann oder der Wagen an einem frostigen Wintermorgen nicht anspringen will.

Theoretisch kann man mit solchem Streß leicht umgehen. Man kann versuchen, ihm aus dem Weg zu gehen. Man kann sich ihm stellen oder ihn unter Kontrolle bringen. Man kann mit ihm leben oder sich mit ihm auseinandersetzen. Weil es sich um unseren ganz persönlichen Bereich handelt, sind wir einigermaßen frei in unseren Entscheidungen.

Aber da gibt es auch den Streß, der nicht so leicht zu vermeiden ist, wie es vielleicht den Anschein hat. Er wird in hohem Maß durch Zwänge geschaffen, die integraler Bestandteil unserer Umwelt sind. Das Ergebnis derartiger Zwänge nenne ich »toxischen Streß«, und ich habe den Terminus *giftig* gewählt, um diesen ganz eigenen Typus Streß zu beschreiben. Man kann ihn nicht vollkommen ausschalten; er löst Frustrationen aus, die schwer zu umreißen sind; und er führt zu Verbitterung und einem Gefühl unbestimmter, unerklärlicher Verzweiflung.

Seit 20 Jahren weiß man, daß Streß eine entscheidende Rolle bei der Entwicklung vieler Krankheiten spielt. Doch die grassierende Krankheit der heutigen Welt nenne ich den *Twentieth Century Blues, die bittere Melancholie des 20. Jahrhunderts* (S. 46). Es ist ein weithin unerkanntes Problem, das schon jeden dritten Menschen befallen hat und sich weiter ausbreitet. Seine Ursache ist der *toxische Streß*.

Toxischer Streß ist bei weitem schädlicher als gewöhnlicher Streß. Er wird, häufig ganz bewußt, erzeugt von Politikern, Juristen oder Werbeleuten und ist die Ursache von Frustrationen. Er löst dieses tiefe Gefühl unbestimmter, unerklärlicher Verzweiflung aus, das typisch ist für die Opfer des *Twentieth Century Blues*.

Toxischer Streß wird durch Werbeargumente geschaffen, bei denen man sich unzulänglich und unfähig fühlen muß: »Sie sind ein Versager, wenn Sie sich diesen Dress nicht leisten können ... Sie sind schlechte Eltern, wenn Sie Ihrem Kind nicht dieses oder jenes Produkt kaufen ...« Toxischen Streß bescheren Ihnen auch Anwälte, die sich auf Gesetze berufen, nach denen Sie zwar gute Gründe für Ihre Klage haben mögen, aber dennoch nicht gewinnen können.

Je mehr Gedanken Sie sich machen, je größer Ihre Vorstellungskraft ist – desto eher erliegen Sie dem toxischen Streß und dem *Twentieth Cen-*

tury Blues. Wenn Sie an dieser *Unpäßlichkeit* leiden, sind Sie wahrscheinlich besonders sensibel und fürsorglich. Sie leiden, weil Sie gewissenhaft, rechtschaffen, arbeitsam, genau und redlich sind. Kopfschmerzen, Hautausschläge und Verdauungsstörungen können die körperlichen Auswirkungen davon sein.

Toxischer Streß ist die Erklärung dafür, warum Millionen Menschen in dem guten Glauben, daß sie die Streßanforderungen *ihres* Lebens unter Kontrolle haben, dennoch unter streßbedingten Erkrankungen leiden.

In einem späteren Kapitel werde ich auf Triebkräfte wie Schuldgefühl und Ehrgeiz eingehen, die durch toxischen Streß ausgelöst werden. An dieser Stelle möchte ich nur erkären, wie er erzeugt wird.

Der Druck der Werbung

Was immer Sie mit Ihrem Leben anstellen – Sie sind auf jeden Fall ein Konsument. Für Leute, die so verschiedene Dinge herstellen wie Automobile, Kühlschränke oder Unterwäsche, Abführmittel oder Kekse, Kleiderbügel oder Spülbecken, sind Sie vor allem Konsument. Auch für Anwälte, Steuerberater, Architekten, Wohnungsmakler und selbst Ärzte sind Sie nichts anderes: ein Konsument.

Um Sie zu ihrem Kunden zu machen, wenden diese Leute eine Menge Geld auf und wollen Sie überzeugen, daß gerade ihre Produkte oder Dienstleistungen besser sind als irgendwelche anderen. Jeden Tag werden Sie als Verbraucher auf tausendfältige Weise umworben – manchmal brutal und manchmal subtil. Jeden Tag werden Sie mit Anzeigen bombardiert: Kaufen Sie dies, erwerben Sie jenes ...

Die Profis, die dieses tägliche Werbebombardement anrichten, sind sich nur allzu bewußt, daß es nicht genügt, Ihnen den Wert ihres Produktes vorzustellen. Der Konkurrenzkampf ist inzwischen so hart, daß Werbeagenturen sich nicht mehr damit zufriedengeben, Ihnen Angebote zur Erfüllung Ihrer natürlichen Bedürfnisse zu unterbreiten. Sie wissen, daß ihre Werbung durch eine Mischung von Übertreibung, Betrug und Ausbeutung Ihrer sozialen Ängste und persönlichen Schwächen neue Wünsche und Begehren, Hoffnungen und Ambitionen schaffen muß

Leiden Sie unter Depressionen?

Was ich als *Twentieth Century Blues* beschrieben habe, ist etwas ganz anderes als eine endogene (innerlich bestimmte) Depression. Halten Sie sich das klar vor Augen. Einige Arten der Depression können durch organische Erkrankungen des Körpers bedingt sein, und in diesen Fällen kann der Arzt helfen. Suchen Sie ihn auf:

- Wenn Sie sich niedergeschlagen, deprimiert fühlen.
- Wenn Sie jeden Morgen frühzeitig aufwachen.
- Wenn Sie an Appetitlosigkeit leiden.
- Wenn Sie – unbeabsichtigt – Gewicht verlieren.
- Wenn Ihre körperliche oder mentale Verfassung Sie bedrückt.
- Wenn Sie körperliche Beschwerden haben, die Sie sich nicht erklären können.
- Wenn Sie den Eindruck haben, daß Sie unter physischen oder mentalen Symptomen leiden, die eine Behandlung verlangen.

Werbung beherrscht unser Leben.

– und die dann, verfälschend, als *Ihre Bedürfnisse* deklarieren muß.

Die moderne Werbung weiß – das ist hinreichend erforscht –, daß man einem zufriedenen Menschen unmöglich etwas verkaufen kann. Um das Geld am Laufen zu halten, müssen ihre Agenten uns ständig zum Kauf animieren und dauernd neue Methoden erfinden, damit wir Waren und Dienstleistungen kaufen, die wir in Wirklichkeit gar nicht brauchen.

Jeder Trottel kann ein Produkt oder einen Service verkaufen, den man brauchen kann. Wenn Ihre Schuhe aufgetragen sind, werden Sie neue kaufen oder die alten reparieren lassen. Wenn Sie Hunger haben und es in der Umgebung meilenweit nur ein Restaurant gibt, dann werden Sie dorthingehen. Wenn Sie mit den letzten Tropfen Benzin fahren, dann braucht eine Tankstelle nicht mit ihrem freien Warenangebot zu werben, um Sie als Kunden zu gewinnen.

Der Trick der werbenden Wirtschaft besteht darin, Sie dahin zu kriegen, daß Sie neue Schuhe kaufen, wenn Sie gar keine brauchen; daß Sie sich mit Lebensmitteln eindecken, obwohl Sie gar keinen Hunger haben; daß Sie Ihren Tank auffüllen, lange bevor er leer ist.

Die Kunst der Werbeindustrie besteht darin, Ihre entlegensten Wünsche in grundlegende Bedürfnisse zu verwandeln. Zu diesem Zweck setzen Werbeagenturen all ihr professionelles Geschick ein, Ihre Unzufriedenheit zu schüren – mit dem, was Sie schon haben.

Moderne Werbung ist eine wissenschaftlich begründete kreative Kunst mit dem Ziel, Begehrlichkeit zu wecken, Unzufriedenheit und Existenzängste aufzubauen. Werbung ist eine Industrie, die nur funktioniert, wenn sie Sie ohne Not unter Druck setzt.

Die moderne Werbung ist darauf angelegt, Sie unzufrieden zu machen. Ihre Experten wollen Sie davon abbringen, die einfachen Dinge des Lebens zu schätzen; denn sie wissen, daß mehr Profit darin steckt, die Dinge komplizierter, teurer und unsicherer zu machen. Sie wollen uns so unter Zeitdruck setzen, daß wir lieber Fast food verschlingen, als unser eigenes Gemüse zu ziehen und zuzubereiten. Wir sollen mit dem Auto fahren und nicht das Fahrrad nehmen oder zu Fuß gehen. Wir sollen uns schuldig fühlen, wenn wir nicht die »richtigen« Frühstücksflocken für unsere Kinder kaufen. Sie sind ein Versager, wenn Sie nicht die letzten Klamotten tragen und nicht nach dem neuesten Duftwässerchen riechen.

Für die moderne Werbung ist es der Gipfel des Erfolgs, wenn Sie Ihre natürlichen Bedürfnisse vergessen und exklusive Wünsche entwickeln. Ohne Zweifel ist die Werbeindustrie mitverantwortlich für einen Großteil von Krankheit und Unzufriedenheit. Selbst wenn Sie die angepriesenen Produkte kaufen, werden Sie die versprochene Genugtuung nicht finden; denn die Verheißungen sind vage und die Versprechungen leer.

Ihr Sexualleben wird nicht plötzlich toller, weil Sie Parfüm oder Deodorant wechseln. Ihre sozialen Beziehungen verbessern sich nicht, weil Sie sich nach der letzten Mode kleiden. Sie werden nicht immun gegen Verkehrsunfälle, weil Ihr Auto elektrische Fensterheber hat.

Der moralischen und mentalen Enttäuschung müssen Sie noch den physischen Frust hinzurechnen; denn sehr wahrscheinlich wird Ihre Neuerwerbung Sie bald wieder im Stich lassen. Kurzlebigkeit ist allen neuen Produkten eingebaut und ihr Charakteristikum. Weil Autos mechanisch oder modisch veralten, schaffen es die

Automobilhersteller, uns immer neue Autos zu verkaufen, obwohl unser Wagen vor der Tür noch gar nicht so alt ist. Sie bilden sich ein, ihn wechseln zu müssen, weil Sie einen zuverlässigeren oder bequemeren haben wollen; aber in Wirklichkeit haben die Werbemenschen Sie dazu überredet, Ihren gegenwärtigen für überholt und unmodern zu halten.

Auch wenn Sie gar nicht das Geld haben, sich neue Autos, Kücheneinrichtungen, neue Klamotten oder andere wunderschöne Dinge zu kaufen, werden Sie dem Frust nicht entrinnen. Werbung ist dazu da, Ihr Begehren zu wecken, und führt Ihnen Dinge und Dienste vor Augen, die Sie sich nicht leisten können. Sie schafft Wünsche und verkehrt die dann in Bedürfnisse. Werbung erzeugt Frustration und Enttäuschung, Neid und Unzufriedenheit. Wenn Sie zu arm sind, sich all den Kram zu kaufen, werden Sie niemals entdecken, daß die angebotenen Produkte die Versprechungen gar nicht erfüllen.

Die Werbung ist ohne Zweifel einer der bedeutendsten Verursacher von Streß und eine der größten neuzeitlichen Bedrohungen für unsere physische und mentale Gesundheit. Die Werbewirtschaft hat weit mehr Menschen auf dem Gewissen als die Industrie, die unsere Atmosphäre vergiftet. Werbung ist das Symbol der modernen Gesellschaft. Sie repräsentiert falsche Versuchungen und leere Versprechungen, Enttäuschung und Desillusionierung. Sie schafft Wertbegriffe, die auf Ängsten und Begierden beruhen.

Angst erzeugt Streß

Unsere Vorfahren lebten in einer Welt, von der sie nur wenig begriffen und in der sie ständig in Gefahr waren. Sie hatten viel zu fürchten: Tod, Schmerzen, Hunger und die Bedrohung durch wilde Tiere zum Beispiel. Wir hingegen sollten ein relativ angstfreies Leben führen können. Doch aller Augenschein zeigt, daß Furcht in unserem Leben eine viel größere Rolle spielt als je zuvor im Leben unserer Vorfahren. Warum?

Wahrscheinlich hat es die Gesellschaft nötig, uns in Schrecken zu halten. Furcht ist eine mächtige Triebkraft. Aus Angst nehmen wir Umstände hin, die wir nicht mögen, verrichten eine Arbeit, die uns keinen Spaß macht, und geben Geld aus für Dinge, die wir weder wollen noch brauchen. Angst macht uns kaputt, aber auch willfährig.

Es ist kein Zufall, daß ungezählte gesellschaftliche Kräfte – Politiker, Kommentatoren, Experten, Wirtschaft und Werbung – gezielt alles tun, um unsere Ängste wachzuhalten. Wann haben

Streßschäden werden auch durch Erfolgszwang verursacht.

Sie zuletzt von einem Staatsmann, Guru oder Industriekapitän gehört, der Trost und Beruhigung ohne Vorbehalte bot?

Angst ist eine der mächtigsten Kräfte und wird dazu benutzt, Emotionen zu kontrollieren und zu manipulieren. Nehmen wir als Beispiel die Gesundheit. Auf tausend Arten werden Sie ermutigt, sich um Ihre Gesundheit zu kümmern. Hören Sie auf die Argumente von Experten – und bald schon werden Ängste an Ihnen nagen! Meist werden sie von Leuten geweckt und bestätigt, die ein handfestes kommerzielles Interesse haben: Sie wollen Ihnen etwas verkaufen.

Hersteller von koffeinfreiem Kaffee preisen Ihnen die Vorzüge dieses Genusses – und warnen Sie vor den Risiken von gewöhnlichem Kaffee. Produzenten fettarmer Nahrungsmittel warnen Sie vor den Risiken fettreicher Ernährung. Ärzte veranlassen Sie durch Besorgnis zu regelmäßigen Gesundheitschecks. Hersteller von Kräuterheilmitteln erzählen Ihnen, wie gefährlich die Schulmedizin sei. Süßstoffproduzenten warnen Sie vor den Gefahren des Zuckers. Die Zuckerfabriken warnen Sie vor den Gefahren von Zuckerersatz ... Sie wären nicht normal, wenn Sie sich da nicht Gedanken um Ihre Gesundheit machten.

Ängste gibt es überall und vor allem im Dienste derer, die Sie manipulieren wollen. Politiker und Innenbehörden jagen Ihnen mit Berichten über die Zunahme von Gewalt auf unseren Straßen Angst ein, damit Sie ihnen mehr Macht in die Hände geben. Für die Außenpolitiker und unsere »Feinde« gilt das gleiche. Durch Fernsehen und Radio gelingt das schneller und wirkungsvoller als je zuvor. Durch Angstmacherei bestätigt unsere Gesellschaft sich selbst und steigert ihre Macht.

Die Ungerechtigkeit des Gesetzes

Die Ursache von Unglück und Enttäuschung unter den Menschen liegt häufig daran, daß in unseren Gesellschaften Gesetze ganz allgemein für Garanten von Gerechtigkeit und Bürgerrechten, von Freiheit und Gleichheit gehalten werden. In Wahrheit hat das Gesetz mit diesen

Angst wird auch von machtgierigen Politikern eingesetzt: Der rechtsradikale Führer Eugene Terre Blanche bei einer Kundgebung in Südafrika.

fundamentalen moralischen Prinzipien wenig zu tun. Es dient dem Selbstschutz der Gesellschaft und wird von ihren Repräsentanten als Waffe benutzt, mit der sie sich gegen individuelle Kräfte und Freiheiten durchsetzen und behaupten. Das Gesetz ist der unzulängliche Versuch des Menschen, Gerechtigkeit – eine abstrakte, theoretische Vorstellung – in praktikable Wirklichkeit umzusetzen. Bedauerlicherweise ist es stärker durch die Vorurteile und das Eigeninteresse derer, die Gesetze machen und beeinflussen können, als durch die Achtung und Würde der Rechte jedes einzelnen bestimmt.

Dieses Mißverständnis der Gesetzesabsicht führt zu Enttäuschung. Und dieses Fehlverständnis hat erheblichen Anteil am Streß in unserer Gesellschaft. Nie zuvor hat es so viele Gesetze gegeben; und dennoch gab es kaum eine Gesellschaft mit weniger Gerechtigkeit als die unsrige.

Viele unserer heutigen Gesetze sind nicht dazu geschaffen worden, den einzelnen oder die Gemeinschaft zu schützen, sondern das System. Das hat einen einfachen Grund. Verstöße wie Diebstahl und Betrug bedrohen die Sicherheit und Unverletzlichkeit des Systems oft härter als Verbrechen wie Raub und Mord, die Individuen betreffen – deren Rechte als weniger bedeutsam angesehen werden.

Die Ironie besteht darin: Ursprünglich sind Gesetze zwar dazu eingeführt worden, den einzelnen und sein Eigentum zu schützen und Belastungen von ihm zu nehmen – doch das Gesetz selbst ist zum Tyrannen und einer noch größeren Streßquelle geworden. Heutzutage können es sich nur wenige leisten, den Schutz des Gesetzes für sich zu nutzen. Das Gesetz unterdrückt häufig die Schwachen, die Armen und die Ohnmächtigen, es behauptet sich selbst und die Mächte, die es stützen. Die enormen Prozeßkosten bedeuten, daß es mehr Recht für die Reichen gibt und weniger für die Armen. Im Ergebnis heißt das: Das Gesetz bedroht und mindert die Rechte der Schwachen und stärkt und mehrt die Rechte der Reichen und Mächtigen.

Die Sache wird noch schlimmer, weil jene, die von der Gesellschaft dazu bestellt werden, das Gesetz im Interesse des Volkes zu hüten und zu verwalten, ihre Positionen nur allzuoft nutzen, um das Gesetz zu mißbrauchen. Die Auslegung des Gesetzes steht so oft im Ermessen derer, die für seinen Schutz bezahlt werden, daß sie selbst zum Gesetz werden; diese Gesellschaft schützt schlicht und einfach sich selbst gegen Gefahren und übergeht sehr oft die Rechte der einzelnen Bürger. Im gleichen Maß, wie die Achtung vor dem Gesetz und seinen Richtern schwindet, vertieft sich die Kluft zwischen Gesetz und Gerechtigkeit.

Wenn Leute, denen die Macht dazu gegeben ist, etwas mißbilligen, was ihre eigene Position gefährdet, dann erfinden sie dazu ein neues Gesetz. Wie die Herrschaft politischer Parteien kommt und geht, so häufen sich Schicht über Schicht neue Gesetze an. Es spielt keine Rolle, ob die neuen Gesetze mit den alten kollidieren, solange sie nur durch den Staat gedeckt sind.

Mit der fortgesetzten Unterdrückung individueller Rechte wachsen Verstöße und Mißachtung der Gesetze unter den Beamten und den Mächtigen. Herrschsucht und Anmaßung, Bestechlichkeit und Heuchelei haben das öffentliche Vertrauen in das Gesetz zerstört; die Antwort des Systems bestand lediglich in neuen Gesetzen, die solche Mißbilligung unter Strafe stellten. Das primäre Interesse dieser Gesellschaft ist, sich selbst zu schützen. Mit Gerechtigkeit, Freiheit und Gleichheit ist sie nicht befaßt, denn diese Werte gehen nur Individuen an. Die die Macht haben, beschäftigen sich nur mit ihrem eigenen Überleben und der Bewahrung ihrer Macht. Die schlichte Wahrheit ist, daß wir in einer korrupten Gesellschaft leben, die einfache Menschen ständig unter Druck setzt: unter Streß.

Die Gefahren des Fortschritts

Einen großen Teil des Stresses, unter dem wir alle leiden, erzeugen wir selbst durch unsere unbeirrte Fortschrittsgläubigkeit. Ohne Fortschritt würde die industrielle Produktion zurückgehen, das wirtschaftliche Wachstum eingefroren, die Gesellschaft »stillstehen«. Doch ohne Wachstum hätten wir auch Zeit, uns an der Welt und dem Leben zu freuen; und wir wären in der Lage, Glück, Zufriedenheit und Gelassenheit zu entdecken. Ohne Fortschritt würde die Struktur unserer Gesellschaft an Bedeutung verlieren und die Macht derer, die unser Leben lenken, nicht länger wachsen können.

Denn tatsächlich haben wir eine Welt und eine Gesellschaft geschaffen, die inzwischen uns selbst im Griff hat. Unsere Gegenwart und Zukunft werden von sozialen Strukturen kontrolliert, die wir selbst erfunden haben. Ihre Institutionen und Ordnungen brauchen den Fortschritt, damit sie noch mehr Macht und Einfluß gewinnen. Wir machen ein ominöses »Die-da-Oben« für unsere trostlose Verfassung verantwortlich: Aber es gibt kein unbestimmtes Die-da-Oben. Die Macht in unserer Gesellschaft manifestiert sich in ihren Institutionen selbst: Sie

Fortschritt bedeutet nicht immer, daß die Verhältnisse und das Leben besser werden.

sind es, die uns kontrollieren und zur Steigerung struktureller Macht Fortschritt verlangen.

Weil sie für Institutionen, Organisationen und Ordnungskräfte arbeiten, die ihnen selbst Macht und Autorität verleihen, erklärt eine ganze Gruppe von Menschen – die »politisch-administrative Klasse« – den Fortschritt für lebensnotwendig. Sie wissen: Ohne Fortschritt nimmt ihre Teilhabe an der sozialen Struktur oder Herrschaft und damit ihr persönlicher Status ab. Um ihn zu behaupten, müssen sie die Institutionen stark und lebensmächtig erhalten. Und das heißt Fortschritt. Die Männer und Frauen, die für die »Big Companys« arbeiten, wissen genau, daß ohne Fortschritt ihre Unternehmen absteigen und an Macht verlieren. Je mehr Einfluß jemand hat, desto größer ist sein Interesse und sein Einsatz für den Fortschritt.

Sie erzählen uns dann, daß Fortschritt von vitalem Interesse und gut sei; aber sie lügen. Sie erzählen uns, daß dem Fortschritt unmöglich Einhalt zu gebieten sei; aber sie lügen. Was sie wirklich meinen, ist etwas ganz anderes: Fortschritt ist gut für die Geschäfte und von Vorteil für den Profit und die Macht der sozialen Strukturen, mit denen sie liiert sind. Fortschritt ist – auch das entbehrt nicht der Ironie – ein essentieller Bestandteil zur Wahrung der herrschenden Umstände.

Darum wird jeder, der im Dienste einer strukturellen Institution oder eines großen Unternehmens steht, unvermeidlich darauf bestehen, daß Fortschritt »gut«, sogar besser sei. Aber so ist es nicht. Fortschritt heißt, daß die Menschen sich ändern, daß sie härter zu arbeiten haben und das Leben noch ernster nehmen müssen – und das bedeutet mehr Streß. Fortschritt bedeutet, daß die Dinge komplizierter werden und leichter aus dem Ruder laufen. Fortschritt bedeutet, daß Errungenschaften von gestern (mit denen wir glücklich waren, bis die Werbefritzen uns vom Gegenteil überzeugten) heute out sind und binnen Monaten überholt. Fortschritt heißt: Das Neue ist immer das Bessere und die Zukunft besser als die Vergangenheit.

Der Fortschritt verlangt, daß mehr und mehr Menschen ihre erfüllte und abwechslungsreiche, zuträgliche und gesunde Lebensweise (von gestern?) eintauschen müssen gegen einen »lifestyle«, der sinnentleert ist und nur Zweifel und Einsamkeit schafft. Fortschritt ist Lebensentzug für die Menschen und Machtzuwachs für die soziale Struktur. Die Arbeit wird unbefriedigender. Die Apparate und Computer werden mächtiger. Die Prozesse verselbständigen sich. Zerstörung, Elend und Gleichgültigkeit wachsen. Der Planet wird verwüstet. Und der Streß wird immer mächtiger.

Die dem Altar des Fortschritts ihre Opfer bringen, unterliegen zwei vitalen Irrtümern. Sie nehmen an, daß der Mensch immer alle Möglichkeiten ergreifen müsse, die ihm seine Entwicklungen und Erfindungen bieten. Und daß er immer einen tolleren Weg suchen müsse, seine Aufgaben zu bewältigen.

Keine dieser Annahmen hat einen vernünftigen Grund. Die Tatsache, daß der Mensch Computer, Überschallflugzeuge und Atombomben erfindet, bedeutet nicht, daß er sie benutzen muß.

Die so bedingungslos an den Fortschritt glauben, meinen immer, daß wir jedes Stückchen neuer Erkenntnis nutzen müssen. Wenn der Mensch ein schnelleres Verkehrsmittel erfindet, muß es besser sein als die alten. Wenn er eine Methode entdeckt, seine Mitmenschen rascher und endgültiger ums Leben zu bringen, dann muß er diese wirkungsvollere Waffe bauen. Wenn etwas schneller gemacht werden kann, dann muß das auch der bessere Weg sein. Diese Annahmen sind nicht logisch.

Fortschritt um des Fortschritts willen bedeutet oft nur Veränderung um der Veränderung willen. Aber die Dinge ändern sich nicht immer zum Besseren. Und es steckt auch nicht viel Sinn in dem Glauben, daß der Mensch nach immer besseren Mitteln und Wegen suchen muß. Das Problem liegt hauptsächlich in der Definition des Wörtchens »besser«. Was genau soll das heißen?

Ist ein Fernsehgerät besser als ein Radio? Ist ein Auto besser als ein Fahrrad? Ist ein Flugzeug besser als ein Segelschiff? Ist Kunstrasen besser als echtes Gras? Sind künstliche Blumen besser als die Blume selbst?

Nur allzuhäufig bedeutet Streß einfach mehr Frustration und Unglücklichsein. Wir werden abhängiger von anderen und kommen schwerer mit den alltäglichen Krisen zurecht. Sind die Leute durch die elektrische Zahnbürste klüger, glücklicher und zufriedener geworden? Bieten schnellere Autos mehr Befriedigung als ältere Wagen? Sind die Menschen dem Frieden näher gekommen, weil der CD-Player erfunden worden ist? Um wieviel hat das Telefon unsere Lebensqualität verbessert?

Die Wahrheit liegt wieder einmal in der Mitte. Manche Errungenschaften sind gut. Einige der neuen Technologien sind hilfreich und tragen dazu bei, unser Leben zu erleichtern. Und manche neuen Entwicklungen vermindern Schmerzen, Leiden und Streß.

Doch das gesellschaftliche System ist an solcher Kompromißfindung nicht interessiert. Sein Wachstum verlangt den ungehemmten Fortschritt. Und die Menschen, die ihre Macht, ihr Prestige und ihren Wohlstand aus diesen Institutionen beziehen, tun genau das, was man von ihnen erwartet. Unsere Welt wird nicht mehr von Menschen gelenkt. Sie wird durch die Strukturen kontrolliert, die wir geschaffen haben.

Die Wahrheit ist: Fortschritt kann ebensogut ein Segen sein wie eine Bürde. Es wäre ebenso töricht, jeden Fortschritt für schlecht zu erklären

Vielen Menschen hat der Fortschritt die Freude genommen und Plagerei beschert.

wie ihn bedingungslos gutzuheißen. Er ist gut, solange wir ihn für uns nutzen und nicht zulassen, daß er unser Leben beherrscht. Er ist weder gut noch schlecht, sondern das, was wir daraus machen. Doch wir treffen nicht mehr die Wahl zwischen diesen Aspekten, die über Segen und Schaden entscheiden. Wir nehmen jeden Fortschritt hin und setzen uns damit selbst ständig wachsenden Streßbelastungen aus.

KAPITEL ZWEI

Die Wirkungen von Streß

Ich halte Streß so ziemlich für die größte Gesundheitsgefahr, die es gibt, und Ängste sind seine verbreiteten, höchst bedrückenden und quälenden Folgeerscheinungen.
Streß und Angst sind für eine gewaltige Zahl von Krankheitsbildern und Leiden verantwortlich. Ob Hautallergien, Asthma, Arthritis, Angina pectoris, Bluthochdruck, Rückenbeschwerden, Haarausfall, Bettnässen, Schlaflosigkeit, Verdauungsstörungen, Kopfschmerzen, Schwindelanfälle, Durchfall, Diabetes, Darmverstopfung, Schüttelfrost, Sexualprobleme, Atembeschwerden, Migräne, prämenstruelle Spannungen, Schuppenflechte, Sodbrennen, Heuschnupfen, Gallenkoliken, Gastritis oder irgendeine der hundert Alltagsbeschwerden: Auch wenn Streß nicht die unmittelbare und einzige Ursache ist, so hat er doch großen Anteil daran.

Noch vor wenigen Jahren hat die ärztliche Zunft Streß als eine ziemlich rätselhafte

Ich halte Streß so ziemlich für die größte Gesundheitsgefahr, die es gibt, und Ängste sind seine verbreiteten, höchst bedrückenden und quälenden Folgeerscheinungen.

Sache betrachtet. Doch inzwischen werden Sie kaum mehr einen Arzt finden, der nicht anerkennt, daß Streß – darunter verstehe ich ein Phänomen, das Furcht, Angst, Kummer, Ärger oder auch nur Aufregung verursacht – zu sehr ernsten physischen Reaktionen und höchst realen Krankheiten führen kann.

Exakte Angaben, wie viele solcher Leiden durch Streß verursacht sind, gibt es nicht. Doch es besteht kein Zweifel daran, daß zumindest drei Viertel aller Krankheiten durch Streß bedingt oder verschlimmert werden. Ich persönlich glaube, daß es sogar 90 bis 95 Prozent sind – dabei schließe ich auch jene ein, die nicht von Ärzten behandelt werden –, die zumindest partiell und manchmal auch zur Gänze auf Streß zurückzuführen sind. Da es Hunderte von Leiden gibt, die durch Streß ausgelöst oder verschlimmert werden, und einige Hundert Millionen Menschen, die streßanfällig sind, sind die Variationen dieses Themas nahezu unendlich.

Hier sollen nur einige Fallbeispiele stehen, die anschaulich machen, auf welche Weise Streß in seinen vielen Formen ganz reale Krankheitsbilder und Leiden hervorbringt. Einige Leser mag es überraschen, daß auch Kinder unter Streß leiden können.

Asthma durch Schulstreß

Als ich K. zum erstenmal sah, befand sie sich in einem fürchterlichen Zustand. Sie war gerade zehn Jahre alt und litt unter einem äußerst unangenehmen Ekzem (einem Hautleiden mit Rötungen, Schuppung und Entzündungen) und schwerem Asthma, das im Krankenhaus schon mit Medikamenten behandelt worden war. Wegen des Asthmas wurde ich an einem Sommerabend zu ihr gerufen. K. lag auf dem Bett und keuchte verzweifelt. Ihre Mutter hatte das Fenster offengelassen, und ich konnte das Keuchen schon draußen, von meinem Wagen aus, hören. Es dauerte geraume Zeit, ihre Atmung zu beruhigen, und ich dachte schon, sie ins Krankenhaus einweisen zu müssen.

Doch schließlich hörte das Keuchen auf, und K. schlief erschöpft ein. Als ich die Treppe herunterkam, wollten ihre Eltern als erstes wissen, ob ihre Tochter am nächsten Morgen auch fit genug sei, um eine Schularbeit zu schreiben. Besonders K.s Vater schien deswegen sehr beunruhigt zu sein. Er erzählte mir, wie ernst man all diese Tests und Prüfungen nehmen müsse und wie wichtig ihm der Erfolg seiner Tochter in der Schule sei.

Ich sagte, daß es ihre Entscheidung sei und sie davon abhinge, wie gut es K. am nächsten Morgen ginge; nach meinem Gefühl wäre es aber besser, sie bliebe zu Hause, denn sie sei ja erst zehn Jahre alt und werde sicher eine recht unruhige Nacht verbringen. Ich fühlte mich dabei ziemlich unbehaglich. Mir schien, daß sich die Eltern zu sehr um K.s Schularbeit kümmerten und zu wenig um ihr Asthma.

Am folgenden Morgen rief ich an, um mich nach K. zu erkundigen. Ihre Mutter berichtete, K. sei es gut genug gegangen, um in die Schule gehen zu können. Ich sagte, das freue mich, und bat um einen Anruf, falls es Probleme gäbe. Auf jeden Fall wolle ich K. so bald wie möglich sehen. Es geschah schneller als erwartet. Mittags wurde ich ins Haus gerufen. Diesmal waren die Anfälle so schwer, daß man K. ins Krankenhaus bringen mußte.

Als sie entlassen wurde, setzte ich mich zu einem Gespräch mit ihr zusammen. Es wurde schnell deutlich, daß die Schule ihr zu schaffen machte. Sie stand durch die Eltern unter großem Erfolgsdruck und glaubte, sie zu enttäuschen, wenn sie nicht überall die Beste sei. Mir war klar, daß dieser Druck sie krank machte. Ich sprach mit den Eltern und überredete sie dazu, weniger zu fordern und ihre Erwartungen zurückzuschrauben. Sie wollten es für einige Wochen versuchen und sehen, was passiert.

Als ich K. einen Monat später wieder traf, ging es ihr erheblich besser, sie war fröhlich und munter. Die asthmatischen Anfälle waren weg, das Ekzem war verschwunden, sie sah richtig glücklich aus und strahlte geradezu. Zur Überraschung ihrer Eltern waren K.s Schulleistungen sogar noch besser geworden. Sie verzichteten darauf, ihre Tochter weiter unter Druck zu setzen, und K. entwickelte sich prächtig.

Magenkrank durch Berufsstreß

Als J. in meine Praxis kam, sah er nervös und beunruhigt aus. Er schaute beim Hinsetzen auf die Uhr und schien sehr in Eile. Auf meine Frage, was ihm fehle, zog er ein leeres Medizinfläschchen aus der Tasche und gab es mir. »Würden Sie mir das verschreiben? Ich kaufe davon jede Woche ein paar Flaschen, und es ist sehr teuer.« Ich sah auf das Etikett. Es war ein rezeptfreies Magenmittel, das häufig bei Verdauungsstörungen, Gastritis und anderen Magenbeschwerden gekauft wird. »Wie lang nehmen Sie das schon?« J. zuckte mit den Achseln: »Monate.« »Hilft es?« »Es hat früher besser geholfen«, war die Antwort. »Heute muß ich eine ganze Menge für den gleichen Effekt nehmen. Ich habe es mit Tabletten versucht. Sie sind bekömmlicher, aber sie wirken nicht annähernd so stark.«

Ich erkundigte mich nach weiteren Symptomen. Er fühle sich manchmal krank, obwohl er nie krank gewesen sei; stark gewürzte und schwere Speisen machten seine Magenschmerzen noch schlimmer.

Ich ließ nicht locker: »Bedrückt Sie in letzter Zeit etwas?«

J. lachte bitter. Und dann erzählte er, daß er kürzlich befördert worden sei. J. war Vertreter. Durch den Aufstieg hatte er jetzt weitaus mehr Verantwortung, mußte mehr reisen und hatte mehrere Vertreter unter sich. Er beklagte, daß die Mehrarbeit sein Privatleben kaputtmache und er keine Zeit mehr finde, mit seinen Kindern zu spielen oder wie früher Sport zu treiben. Er gestand, daß er sich nie im Leben so unter Druck gefühlt habe.

Ich sagte ihm, wir brauchten einige klinische Untersuchungen, um sicher zu sein, daß er kein Magengeschwür habe. Und ich warnte ihn: Auch wenn ich seine Schmerzen mit Hilfe von Tabletten erst einmal wegbekäme, würden sie wahrscheinlich doch wieder auftauchen, wenn er seine Lebensweise nicht ändere. »Könnten Sie nicht in den alten Job zurückkehren?« »Ja, schon. Aber jetzt werde ich besser bezahlt und habe einen größeren Wagen.« Außerdem habe er jetzt wirklich keine Zeit mehr, weil er dreihundert Kilometer zum nächsten Kunden fahren müsse. Er habe ja nur ein Rezept für seine Medizin gewollt und fürs Krankenhaus jetzt auch keine Zeit. Dann nahm er seine leere Arzneiflasche, ignorierte meine Einwände und verließ ärgerlich die Praxis.

Obwohl ich J. zuletzt noch gebeten hatte, in den nächsten Tagen zurückzukommen, wann immer er Zeit habe, sah ich ihn fast zwei Monate nicht. Das nächste Mal traf ich ihn in unserem Krankenhaus. Er war unterwegs zusammengebrochen und mit der Ambulanz eingeliefert worden. Dabei hatte er noch unheimlich Glück gehabt. Ein Magengeschwür war aufgebrochen und hätte ihn töten können.

Die Begegnung mit dem Tod brachte J. zur Besinnung. Er gab seinen aufreibenden und stressigen Job auf und kehrte zu seiner früheren, gesünderen – und weniger einträglichen – Lebensweise zurück. Der Streß hätte ihn fast umgebracht.

Haarausfall durch Scheidungsstreß

Als M. in mein Sprechzimmer kam, fand ich es merkwürdig, daß sie ihren Hut aufbehielt. Heutzutage tragen nicht viele Frauen Hut – schon gar nicht in einer ärztlichen Sprechstunde. Aber M. tat es.

Zunächst schien sie mir nicht sagen zu wollen, weshalb sie zu mir gekommen sei. Sie redete über das Wetter, den örtlichen Klatsch und ihre Schwester, die gerade ein Baby bekommen hatte. Sie sprach auch von ihrer Scheidung. Das sei eine besonders unangenehme Geschichte gewesen, doch sie liege jetzt hinter ihr, und über das Schlimmste sei sie hinweg. Schließlich forderte ich sie auf, mir zu sagen, welches ihr Problem sei.

»Ich werde kahl, Doktor.« Sie nahm ihren Hut ab, und es war unübersehbar, daß sich da einige ziemlich kahle Stellen entwickelt hatten. »Mein Haar geht büschelweise aus«, erzählte sie mir unter Tränen, »ich wage nicht mehr, die Haarbürste zu benutzen, und habe morgens Angst vorm Aufstehen, weil auf dem ganzen Kissen Haare liegen.«

M. litt unter Alopecia areata, einem kreisförmigen plötzlichen Haarausfall, der Männern und Frauen jeden Alters zustoßen kann, auch wenn er gewöhnlich in jüngeren Jahren auftritt. Der Haarverlust ist häufig so schlimm, daß die Betroffenen eine Perücke tragen müssen.

Bei gesundem Körper fallen normalerweise täglich 60 bis 90 Haare aus. Bei Alopecia areata sehr viel mehr – manchmal tatsächlich büschelweise. Und das bedeutet kahle Stellen.

Das Vertrackte dabei ist, daß dieser Haarausfall oft erst dann auftritt, wenn seine Ursache, der Streß, längst passé ist. Er entsteht, wenn die Haarwurzeln ihr Wachstum zeitweise einstellen, und dann dauert es eine Weile, bis die kahlen Flecken auftreten. Ich mußte M. leider sagen, daß ich dagegen nichts tun könne, und konnte ihr nur erklären, daß das Haar in vielen Fällen wieder nachwachse.

Alopecia areata ist ein ungewöhnliches Beispiel von streßbedingtem Leiden, weil es erst Wochen oder Monate nach seiner Verursachung in Erscheinung tritt.

Krankheiten, die durch Streß ausgelöst werden können

Damit Sie sehen, wie sehr Streß Ihr Leben beeinflußt: Streichen Sie die Beschwerden an, unter denen Sie heute leiden oder schon gelitten haben.

Alkoholismus
Alpträume
Anämie
Anfälle
Angstgefühle
Angina pectoris
Appetitmangel

Arteriosklerose
Arthritis

Asthma
Atembeengung (Stenose)
Atemlosigkeit

Basedowsche Krankheit
Beklemmungen
Benommenheit
Bettnässen
Bewegungsstörungen (Tremor)
Blähungen (Flatulenz)
Blasenentzündung (Zystitis)
Bluthochdruck (Hypertonie)
Bronchitis

Depressionen
Dermatitis (Hautentzündung)
Diabetes
Dickdarmentzündung (Kolitis)
Dickdarmentzündung, geschwürige (Colitis ulcerosa)
Durchfall
Dysmenorrhö (schmerzhafte Regelblutung)

Eheprobleme
Ekzeme
Epilepsie
Erbrechen
Erinnerungsschwäche
Erkältungen

Fettsucht
Frigidität

Gallenblasenentzündung
Gallenblasenleiden
Gallensteine
Gastritis
Gelenkleiden
Geschwüre
Gicht
Grippe

Haarausfall
Haarausfall, krankhafter (Alopezie)
Harninkontinenz (unkontrollierter Harnabgang)
Harnträufeln (Enuresis)
Hautallergien
Hepatitis
Herzanfälle
Herzblock
Herzinfarkt
Herzinsuffizienz
Herzklopfen
Herzrhythmusstörungen
Herzversagen
Heufieber
Heuschnupfen
Hexenschuß
Hirnblutung
Hirnthrombose
Hypochondrie

Hysterie

Impotenz
Infarkt
Infektionskrankheiten
Ischiassyndrom

Juckreiz (Pruritus)

Kahlköpfigkeit
Kindbettdepressionen
Klimakteriumsprobleme
Knochen- und Gelenkentzündung (Osteoarthritis)
Kopfschmerzen
Koronare Herzkrankheit (IHD, IHE, IHK)
Krebs

Libidostörungen (Nachlassen der sexuellen Lust)
Magen-Darm-Entzündung (Gastroenteritis)
Magengeschwüre
Magenverstimmungen
Magersucht (Anorexie)
Menstruationsbeschwerden
Migräne
Mundschleimhautentzündung (Aphthen)

Nervenzusammenbruch
Nervöse Spannungen
Neurotische Depressionen

Ohnmachtsanfälle

Persönlichkeitsstörungen
Phobien (krankhafte Angst vor bestimmten Gegenständen, Situationen, Tieren etc.)
Prämenstruelles Syndrom

Reizbarkeit
Reizkolon (nervöser Darm)
Rheumatismus

Rückenschmerzen

»Schaufensterkrankheit« (Durchblutungsstörungen, meist in den Beinen)
Schilddrüsenbeschwerden
Schlaflosigkeit
Schlafstörungen
Schlaganfall (Apoplexie)
Schluckstörungen (Dysphagie)
Schuppenflechte (Psoriasis)
Schwindelanfälle
Selbstmordversuche
Sexuelle Probleme
Sodbrennen
Sprechstörungen
Stottern
Suchtgefahr

Tablettenabhängigkeit
Tumor

Übelkeit
Ulkus (Geschwür)
Unfallgefährdung
Unterfunktion der Schilddrüse

Verdauungsstörungen
Verdauungsstörung (Dyspepsie)
Verstopfung (Obstipation)

Wirbelsäulenversteifung

Zerebralsklerose
Zwangsvorstellungen
Zwölffingerdarmgeschwüre

Hinweis: Einige dieser Beschwerden haben auch andere Ursachen. Aber Streß trägt ganz allgemein dazu bei, diese Symptome zu verstärken.

Kopfschmerzen

Vier von fünf Menschen leiden unter Kopfschmerzen. Die meisten bekommen sie unregelmäßig, manche täglich. Über kein Symptom wird so viel geklagt wie über Kopfschmerz – und seine Ursache ist in aller Regel Streß. Leider behandeln manche Ärzte Kopfschmerzen nicht besonders gut: Die meisten Patienten werden mit einer Ladung Aspirin wieder nach Hause geschickt. Der Grund ist einfach. Obgleich Kopfschmerzen einen ganz schön lahmlegen können, sind sie nicht gerade lebensgefährlich. Sie können unerträglich schmerzhaft sein und einem das Leben ruinieren, aber sie bringen einen gewöhnlich nicht um. Und manche Ärzte haben die unangenehme Gewohnheit, Probleme abzutun, die das Leben ihrer Patienten zwar schwermachen, aber nicht tödlich bedrohen.

Geht man mit einem seltenen und gefährlichen Fall zum Doktor, ist man sogleich umgeben von aufwendigen Apparaturen und Männern im weißen Kittel. Aber wenn man mit einem schädelbetäubenden Kopfschmerz aufkreuzt, wird man wahrscheinlich zwei Minuten später mit einem Rezept für Aspirintabletten in der Hand herauskommen.

Natürlich müssen Sie bei Kopfschmerzen immer den Rat eines Arztes einholen – besonders dann:

- Wenn sie nach einer Kopfverletzung auftreten.
- Wenn sie stark sind und sich plötzlich ohne Vorankündigung entwickelt haben.
- Wenn sie von einer Versteifung des Nackens begleitet werden.
- Wenn Sie dabei auch Fieber haben.
- Wenn sie länger als 24 Stunden anhalten.
- Wenn sie wiederholt auftauchen.
- Wenn sie sich nach Beginn einer medikamentösen Behandlung einstellen.
- Wenn Sie sich deshalb Sorgen machen.

Doch es gibt auch gute Nachrichten: Weil die meisten Kopfschmerzen durch Streß, Druck oder Angstgefühle ausgelöst werden, kann man ihnen auch vorbeugen und sie unter Kontrolle bringen.

So kann Ärger genauso zu nervösen Kopfschmerzen führen wie die Beunruhigung durch ein bevorstehendes Ereignis oder die Anstrengung intensiver Konzentration. Auch wenn Sie sich während einer langwierigen Sitzung über Ihre Akten gebeugt oder lange hinter dem Steuerrad gesessen haben, sind nervöse Kopfschmerzen oft die Folge.

Sie können sehen, wie sich die Schmerzen entwickeln, wenn Sie sich nach der nächsten kritischen Situation einfach einmal im Spiegel anschauen. Betrachten Sie Ihre Augenpartie: Da zeigen sich Falten, weil Sie die Stirn runzeln, die Augen verdrehen oder zusammenkneifen, und Ihre Schultern sind angezogen. Die nervöse Spannung im Körper führt zur Anspannung der Muskeln, und die Muskelverspannung löst das Kopfweh aus.

Der Schmerz beginnt wahrscheinlich an einer Stelle und breitet sich allmählich über den ganzen Kopf aus. Es kann ein pochender Schmerz sein; es kann sich anfühlen, als liege ein Ring um Ihren Schädel; es kann ein steter, pressender Druck sein. Er kann ein paar Minuten währen oder eine ganze Woche und länger dauern und sich auf den Nacken und die Kinnpartie ausdehnen. Und wenn Sie aufgeregt, besorgt oder unglücklich sind, wird der Schmerz schlimmer.

Die meisten Leute versuchen, diese Kopfschmerzen mit Aspirin oder Paracetamol zu behandeln. Und da beides hervorragende Medikamente sind, werden sie wahrscheinlich wirken. Aber nervöse Kopfschmerzen durch eine Schmerztablette zu kurieren – das ist, als schütte man Wasser in ein Kühlsystem mit gebrochener Leitung: eine sehr kurzfristige Lösung für ein langfristiges Problem.

Hilfe ohne Pillen

1. Da Muskelspannung dazu beiträgt, Kopfschmerzen zu steigern, können Sie sich auch selbst durch gezielte Entspannung der Muskeln in Kopf und Nacken helfen. Das ist nicht so schwierig, wie es klingt.

a

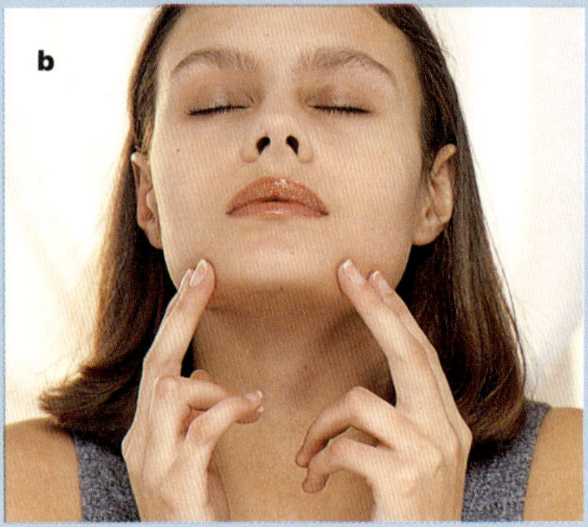

b

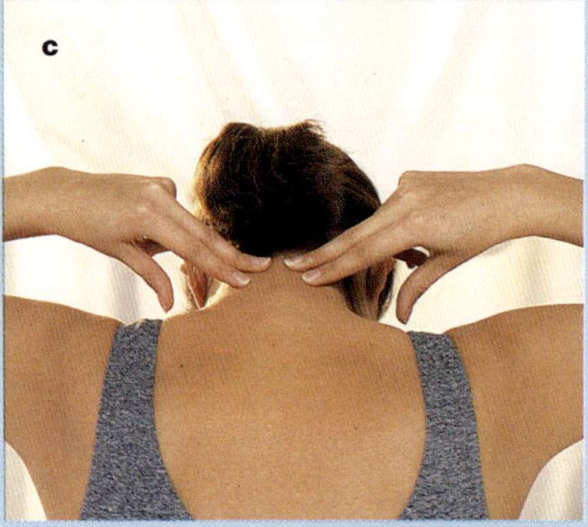

c

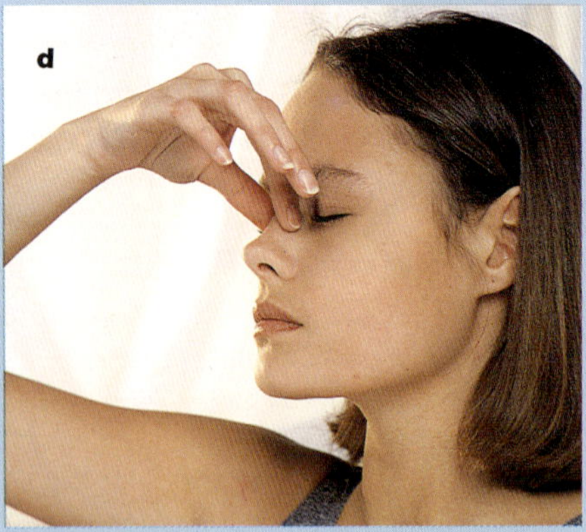

d

Pressen Sie einmal ganz bewußt die Muskeln Ihrer linken Hand zusammen, schließen Sie die Faust so fest es nur geht. Halten Sie diese Position und zählen Sie bis 20. Sie merken, wie ein Schmerz entsteht. Lockern Sie dann die Faust.

Ähnliches passiert in Ihrem Kopf, wenn Sie unter Druck stehen. Die Muskeln von Gesicht, Kopf und Nacken ziehen sich zusammen – so entsteht der Schmerz.

Natürlich müssen Sie das üben, solange Ihr Kopf frei ist. Verziehen Sie also Ihr Gesicht nach Kräften, versuchen Sie, jeden Muskel zu spannen. Verkrampfen Sie den Nacken. Dann entspannen Sie langsam all diese Muskeln. Ganz bewußt werden sie locker und schlaff. Sie müssen fühlen, wie Spannung aus den Muskeln weicht.

Üben Sie das so oft wie möglich. Wenn Sie das nächste Mal nervöse Kopfschmerzen bekommen, können Sie den Unterschied zwischen angespannten und entspannten Kopf- und Nackenmuskeln sehr bewußt wahrnehmen.

2. Wenn Sie wieder einmal spüren, daß Kopfschmerzen heraufziehen, dann versuchen Sie möglichst objektiv zu beobachten, was da vorgeht. Versuchen Sie, die Dinge in die richtige Perspektive zu rücken. Wenn etwas schlecht läuft, geraten wir selbst oft in Angst und Panik, obwohl das überhaupt nichts hilft. Wenn Sie 20 Minuten verspätet sind, hilft es überhaupt nichts, stirnrunzelnd eingeklemmt im Verkehrsstau zu sitzen. Es hat nur zur Folge, daß Sie bei der Ankunft schließlich Kopfschmerzen haben und sich schlecht fühlen. Lassen Sie sich also lieber ein paar freundliche Gedanken einfallen.

3. Massieren Sie Gesichts- und Nackenmuskulatur mit den Fingerspitzen. Sie beginnen außen an den Augen mit kleinen kreisenden Bewegungen (Abb. a). Ganz sanft und langsam. Dann wandern Ihre kreisenden Fingerspitzen allmählich das Kinn hinab (Abb. b). Als nächstes massieren Sie den Nasenrücken in Augenhöhe zwischen Daumen und Zeigefinger (Abb. c). Und die Stirn mit den Fingerspitzen. Zum Schluß nehmen Sie beide Hände, um mit den Fingern den Nacken zu massieren (Abb. d). Sie werden erstaunt sein, welche Wohltat das bedeutet. Bewegen Sie den Kopf vor und zurück, um noch mehr Spannung zu lösen, und ebenso von einer Seite zur anderen – aber sanft.

Kopfschmerz durch zwanghaftes Verhalten

Man hat häufig behauptet, daß besonders solche Menschen unter Kopfschmerzen leiden, die einen zwanghaften Charakter haben. Das Argument ist nicht von der Hand zu weisen.

Menschen, die alles absolut richtig machen wollen, akribisch genau und peinlich ordentlich sind, sind dieser Art lokal bestimmbarer Muskelspannung, aus der Kopfschmerzen entstehen, viel stärker ausgesetzt.

Ich erhalte viele Leserbriefe aus aller Welt und habe festgestellt, daß sie die Verbindung von zwanghaftem Ordnungssinn und Kopfschmerzen bestätigen. Nicht sosehr der Inhalt der Briefe hat mich davon überzeugt, sondern der Stil, in dem sie abgefaßt waren. Die überwältigende Mehrheit jener Briefe, die von Kopfschmerzen berichten, sind auffallend ordentlich niedergeschrieben, viele in Blockschrift, und viele enthalten einen sauber getippten Rückumschlag oder eine Aufklebeadresse.

Ich persönlich habe den Eindruck, daß Menschen, die unter Kopfschmerzen leiden, auch zu zwanghaft peniblem Verhalten neigen – und deshalb außerordentlich anfällig sind für Streß. Ein Vorwurf ist das beileibe nicht. So zwanghaft besetzte Menschen sind ausnahmslos rechtschaffen und zuverlässig. Diese Charaktereigenschaft ist eine Wohltat für jedermann – außer für die Opfer selbst. Ich erwähne das, weil es einigen Lesern vielleicht helfen kann.

Wenn Sie selbst regelmäßig unter Kopfschmerzen oder Migräne leiden, dann beantworten Sie sich doch ein paar simple Fragen. Sie können dabei herausfinden, ob Sie selbst ein solches Opfer sind.

▷ Erscheinen Sie zu Verabredungen immer überpünktlich?
▷ Halten Sie Ihre Versprechen immer bedingungslos ein?
▷ Legen Sie sich mit unzuverlässigen Menschen an?
▷ Loben die Leute dauernd Ihre ordentliche Handschrift?
▷ Mögen Sie das Aufwaschen und Aufräumen abends vor dem Zubettgehen?
▷ Haben Sie ständig Kamm oder Bürste zur Hand?
▷ Regt es Sie auf, wenn die Leute mit verschmutzten Schuhen Ihre Wohnung betreten?
▷ Halten Sie Ihr Auto schön sauber?
▷ Ziehen Sie strenge Gartenanlagen natürlichen vor?
▷ Hassen Sie unerwartete Besuche?

Wenn Sie mehr als zwei dieser Fragen mit Ja beantworten, dann haben Sie im Grunde eine Veranlagung zu zwanghaftem Handeln. Vielleicht sind Sie imstande, die Häufigkeit Ihrer Kopfschmerzen ein wenig einzuschränken, indem Sie etwas lockerer werden. Natürlich können Sie Ihren Ordnungszwang nicht einfach abschaffen. Es ist eine charakterliche Veranlagung, die man nicht beiseite schieben kann – daran läßt sich wenig ändern. Doch Sie können sich helfen, indem Sie sich ernsthaft bemühen, zu lernen, wie man Körper und Geist entspannt.

Nervöser Darm (Reizkolon)

Selbst wenn man weiß, welchen Schaden Streß anrichten kann, ist man dagegen nicht gefeit. Wir alle sind potentielle Opfer. Schon einige Monate spürte ich einen hartnäckigen bohrenden Schmerz im Rücken, genau in Höhe der rechten Niere. Er schien nicht schlimmer zu werden, aber es wurde auch nicht besser. Eine Zeitlang redete ich mir ein, es seien nur gewöhnliche Muskelschmerzen, weil ich ständig über der Schreibmaschine hockte. Aber dann stellten sich zwei weitere Symptome ein. Ich fühlte mich ständig wie »abgefüllt«, so als hätte ich gerade gewaltig gegessen; und außerdem mußte ich dauernd aufs Klo. Mein Hausarzt nahm eine Urinprobe und entdeckte Blut. Der nächste Schritt war eine Verabredung im Krankenhaus. Blut im Urin – das kann bedenklich sein.

Die Ultraschallaufnahmen zeigten eine ziemlich unförmige Niere, was Röntgenaufnahmen bestätigten. Doch leider gelang den Radiologen kein wirklich gutes Bild meiner Niere. Es war verschattet durch große störende Gasblasen, die durch alle Schlingen und Windungen meines Gedärms zogen. Besondere Hilfe war notwendig. Also wurde ich zu eingehenderen Untersuchungen in eine größere Klinik überwiesen. Das alles war sehr besorgniserregend. Ich wußte, daß die behandelnden Ärzte das Schlimmste befürchte-

Wie man ein Reizkolon überwinden kann

Wir wissen zwar eine Menge über die Ursachen des nervösen Darms, aber noch nicht, wie er zu heilen ist. Wie ich jedoch aus eigener Erfahrung weiß, kann man ihn unter Kontrolle bringen.
Da Streß eine seiner Hauptursachen ist, ist es natürlich von primärer Bedeutung zu lernen, wie man sich gegen Streß schützen und seine eigene Widerstandskraft aufbauen kann. Das werde ich Ihnen in späteren Kapiteln zeigen. Hier gebe ich Ihnen ein paar weitere Tips zur Überwindung des Syndroms.

○ Zuerst müssen Sie natürlich einen Arzt aufsuchen. Sie sollten nie selbst eine Diagnose stellen, ehe Sie ihn nicht konsultiert und ihm die Symptome geschildert haben.

○ Ihr Arzt kann Ihnen auf manche Art helfen. Vielleicht verschreibt er Ihnen Tabletten gegen Durchfall oder Verstopfung und empfiehlt Pfefferminzöl gegen Blähungen.

○ Es wird Ihnen wahrscheinlich Erleichterung verschaffen, wenn Sie weniger Flüssigkeit trinken und besonders Milch vermeiden.

○ Reduzieren Sie die Fettaufnahme, und wählen Sie mageres Fleisch.

○ Essen Sie mehr Ballaststoffe.
Steigern Sie allmählich den Konsum an frischem Gemüse und Obst, Vollkornbrot oder Vollwertgetreide, Vollwertnudeln und Naturreis. Warnung: Wenn Sie zu schnell umstellen, werden Sie – wie ich – verstärkt unter Blähungen leiden.

○ Senken Sie Ihren Bedarf an Milch, Käse, Butter und anderen Molkereiprodukten, oder stellen Sie ihn ein. Nehmen Sie Magermilch oder entrahmte Milch. Ersetzen Sie die Butter durch fettarme Produkte.

○ Verschaffen Sie sich mehr körperliche Bewegung: Laufen, Schwimmen, Tanzen, Gymnastik, Radfahren. All das hilft.

○ Halten Sie sich warm. Bei Schmerzen oder Unbehagen verschafft ein heißes Bad Erleichterung oder eine Wärmflasche auf dem schmerzenden Bauch Abhilfe.

ten. Und ohne daß auch nur irgendeiner etwas sagte, wußte ich, was das sein konnte: das Schlimmste.

Ich stieß einen Seufzer der Erleichterung aus, als ein netter Radiologe dort erklärte, mit meiner Niere sei gar nichts Besonderes los. Sie sei unförmig, aber vollkommen in Ordnung.

Also raste ich nach Bristol, um ein paar Fernsehsendungen aufzunehmen, sauste wieder heim, um einen eiligen Artikel zu schreiben, und startete wie geplant nach Paris. Auf dem Flug über den Kanal wurde der Schmerz im Rücken viel, viel schlimmer. Und auf einmal erkannte ich, was vorging. Die Gase, die der Radiologe in meinen Eingeweiden geortet hatte, dehnten sich durch den Wechsel des Luftdrucks aus: Das Gas war die Ursache meiner Schmerzen! Deswegen fühlte ich mich dauernd so »voll«, es reizte meinen Darm und meine Blase, drückte auf meine Niere und löste die Blutung aus.

Für diese recht merkwürdige Verquickung von Umständen gab es nur eine Erklärung. Wie Millionen andere Menschen hatte ich einen nervösen Darm, ein Reizkolon. Als ich mir diese Diagnose stellte, war mir auch sofort klar, *weshalb* ich mir diese Gesundheitsstörung – die verbreitetste unseres Jahrhunderts – zugezogen hatte. Es gab zwei Gründe. Zum ersten: Ich hatte mich selbst enorm unter Streß gesetzt. Seit Jahren war ich damit beschäftigt, eine um die andere leidenschaftliche Kampagne durchzuziehen, um die Wahrheit zu verbreiten und gegen eine konservative Ärzteschaft durchzusetzen, mit der ich im Clinch lag. Das bedeutete mindestens zwölf Stunden Arbeit täglich. Zum zweiten: Ich hatte meine Ernährung radikal umgestellt. Fleisch und Fisch kamen nicht mehr auf den Tisch, und mein Konsum an Gemüse und Getreideprodukten war enorm gestiegen.

Obwohl das Reizkolon in den jüngsten Jahren wenig Aufmerksamkeit und ärztliche Beachtung gefunden hat, möchte ich behaupten, daß Colon irritabile heute eine der verbreitetsten unter den »modernen« Krankheiten ist. Man muß daran erinnern, daß diese nervöse Darmstörung zwar vor allem für ein Syndrom junger Frauen gehalten wird, sie aber ebenso bei Männern und Menschen jeden Alters auftreten kann – was auch geschieht. Reizkolon ist wahrscheinlich ebenso verbreitet wie schlechte Zähne und bestimmt häufiger als Krankheiten wie Diabetes.

Symptome und Ursachen

Die große Mehrheit der Betroffenen schildert drei Symptome:

- Schmerzen – gewöhnlich kolik- und krampfartig
- Durchfall oder Verstopfung
- Blähungen

Aber das sind bei weitem nicht die einzigen Symptome. Meistens wird auch geklagt über:

- Permanentes Völlegefühl
- Übelkeit, Sodbrennen oder Magenverstimmung
- Häufiges Harnlassen
- Rückenschmerzen
- Müdigkeit
- Angstgefühle und Depression

Sie müssen zum Arzt und brauchen eine genaue Diagnose, wenn Sie glauben, ein Reizkolon mit auch nur einigen der genannten Symptome zu haben.

Sicher spielt auch die Ernährungsweise bei der Entstehung des Reizkolons eine Rolle; einige Experten sind sogar überzeugt, daß die ballaststoffarme, einseitige Kost, die viele von uns zu sich nehmen, zumindest teilweise für die Zunahme dieser Krankheit verantwortlich ist. Doch ich habe keinen Zweifel, daß die Hauptursache Streß ist. Wir wissen seit Jahren, daß Spannungen und Angstgefühle einen großen Einfluß auf die Muskulatur ausüben können; und es ist wahrscheinlich, daß Streß auch zu einer Verdichtung der Darmmuskulatur führt.

Krebs

Längst haben Ärzte erkannt, daß Streß eine ganze Reihe von Krankheiten verursachen kann: Magengeschwüre, Herzleiden, Bluthochdruck, Asthma, Migräne, Hautkrankheiten. Und es gibt Grund zu der Annahme, daß Streß auch zu Krebs führen kann. Man weiß seit Jahrhunderten, daß Frauen, die depressiv oder unglücklich sind, in stärkerem Maß krebsgefährdet sind. Schon der große griechische Arzt Galenus hat im 2. Jahrhundert auf diesen Zusammenhang hingewiesen. Erst in jüngster Zeit aber ist eine wachsende Zahl von Ärzten zu der Erkenntnis gekommen, daß die enorme Streßbelastung unserer modernen Zeit die Erklärung dafür ist, weshalb Krebs – einst eine ziemlich seltene Erkrankung – eine der beiden häufigsten Todesursachen geworden ist. (Die Erkrankung des Herzens ist die andere und gleichfalls streßbedingt.)

Manche Menschen scheinen durch ihre Persönlichkeitsstruktur dazu prädestiniert, streßbedingten Krebs zu entwickeln. So haben Krebskranke häufig eine unglückliche Kindheit erlebt, in frühen Jahren unter Einsamkeit gelitten und wenig Liebe empfangen, oder sie sind ungewöhnlich selbstlos und verwenden viel Kraft und Mühe darauf, andere zufriedenzustellen. Solche Menschen haben oft das Bedürfnis, alles für andere zu tun und sich rückhaltlos in ihre Beziehungen zu stürzen. Sie verlangen verzweifelt nach Liebe und Anerkennung, und wenn da etwas falsch läuft, wird ihr Körper schwach und verwundbar durch Krebs.

Das Immunsystem unseres Körpers sorgt dafür, daß Krebszellen nicht wuchern können. Streß – besonders diese tiefsitzende Bedrückung, die aus einer fehlgeschlagenen Beziehung rührt – fügt der Wirksamkeit des Immunsystems, das uns auch gegen Krebs schützen muß, schlimmen Schaden zu. Zahlreiche medizinische Untersuchungen haben den Nachweis erbracht, daß die Zellwucherung von Krebs zu den Störungen gehört, für die Streßopfer anfällig sind.

All das klingt beunruhigend. Doch wenn es stimmt, daß Menschen aus gescheiterten Beziehungen und mentaler Schwäche Krebs entwikkeln, so deutet alles darauf hin, daß man diese Wechselbeziehung von mentaler und körperlicher Verfassung auch umkehren und denselben Weg benutzen kann, um gegen den Krebs anzugehen. Es hat einige Jahre gedauert, bis die Ärzte akzeptierten, daß Streß zu Krebs führen kann. Sie werden hoffentlich schneller begreifen, daß man Krebs auch überwinden oder unter Kontrolle bringen kann, indem man die Patienten lehrt, zu entspannen, Zuversicht zu gewinnen und ihren Sorgen und Ängsten erfreuliche und wohltuende, positive und konstruktive Gedanken entgegenzustellen.

Eine erste wissenschaftliche Untersuchung hat schon erwiesen, daß Patienten mit Brustkrebs und Metastasenbildung im Durchschnitt 18 Monate länger leben, wenn man sie ermutigt, ihre Kraft und Fähigkeit zu positivem und konstruktivem Denken zu nutzen.

Die besten Aussichten einer erfolgreichen Krebsbehandlung bestehen nicht in Medikamenten, Operationen oder gar obskuren und teuren »alternativen« Heilverfahren. Sie liegen in den Patienten selbst: sie zu lehren, wie sie ihre geistigen Kräfte zur Bekämpfung ihrer Leiden einsetzen können. Wenn wir uns schon durch unsere mentale Verfassung ums Leben bringen können – dann können wir uns auch durch eigene geistige und seelische Kräfte helfen: zu einem längeren und gesünderen Leben.

Wie der Körper auf Streß reagiert

In jeder Sekunde Ihres Lebens empfängt Ihr Nervensystem ungefähr 100 Millionen Reize, die aus allen Teilen des Körpers mit einer Geschwindigkeit von nahezu 1100 Stundenkilometern übertragen werden. Natürlich müssen da weniger wichtige Nachrichten aussortiert oder zumindest zeitweise zurückgestellt werden, um die dringend anstehenden Fragen zu bewältigen. Und genau das leistet Ihr Gehirn.

Während Sie dies lesen, atmen Sie. Sie nehmen nicht wahr, daß Ihre Lunge arbeitet; aber wenn von dort irgendeine alarmierende Botschaft kommt, wird Ihre Lungenfunktion sofort Priorität haben. Vielleicht haben Sie gerade gegessen und sind noch mit der Verdauung »beschäftigt«; aber solange da kein Störfall auftritt, werden Sie diesen Vorgang gar nicht bemerken. Wenn Sie sich auf eine Sache intensiv konzentrieren, wird Ihr Gehirn alle anderen einlaufen-

Ihr Körper unter Streß

Die Blutzufuhr zum Gehirn steigt an, damit Sie schneller denken und reagieren können. Die Hirnanhangdrüse setzt ein Hormon frei und löst damit die Ausschüttung von Adrenalin und Steroiden aus. Dadurch wird der Körper in Alarmzustand versetzt und besser mit Verletzungen fertig.

Das Gehör schärft sich. Tiere spitzen die Ohren; beim Menschen ist dieser Reflex verschwunden.

Der Atem wird schneller und lädt über die Lungen den Blutstrom mit Sauerstoff auf.

Der Blutfluß zur Haut sinkt. Deshalb bringt eine Verletzung im Verhältnis nur wenig Blutverlust, und es steht mehr Blut zur Versorgung der beiden wichtigsten Organe zur Verfügung – Hirn und Herz. Und darum erbleichen Sie.

Die Pupillen erweitern sich, die Netzhaut reagiert empfindlicher, Sie sehen schärfer.

Die Haare sträuben sich im vergeblichen Versuch, Sie größer und abschreckender scheinen zu lassen.

Die Muskeln werden gespannt, damit Sie kampfbereit sind.

Der Blutdruck steigt und treibt den Kreislauf schneller an. Dadurch wird die Gewebeversorgung verbessert.

Der Ausstoß von Magensäften beschleunigt die Umsetzung von Nährstoffen in Energie.

den Meldungen Ihrer Sensorien ausschalten; Sie werden wahrscheinlich nicht einmal das Ticken der Uhr oder das Brummen des Kühlschranks wahrnehmen. Außer den Meldungen Ihrer fünf Sinnesorgane zum Hören, Sehen, Riechen, Schmecken und Tasten gibt es noch die Impulse zahlloser Rezeptoren, die in den Tiefen Ihres Körpers arbeiten.

Da gibt es ein vegetatives System, das kontinuierlich die Vorgänge in den inneren Organen vermeldet; Chemorezeptoren zeigen den Status der Blutzusammensetzung an, Propriorezeptoren berichten von der Tätigkeit der Muskeln und Sehnen. Dazu kommen noch die Botschaften aus den Gehirnzentren selbst: Ahnungen, Ängste, Erinnerungen, Ideen und Assoziationen strahlen weitere Impulse aus und fordern Beachtung.

Jeder einzelne Reiz kann eine unendliche Vielfalt anderer Reize hervorrufen. Zum mindesten wird es eine psychologische Wirkung und ein physiologisches Resultat geben. Der psychologische Effekt kann andere Empfindungen und Gefühle auslösen. Das physiologische Ergebnis kann unabhängig davon zu eigenen psychischen Reaktionen führen und umgekehrt. Ich will das erklären.

Stellen Sie sich vor, Sie sind mit einem kleinen Kind beim Einkauf in der Stadt – Ihre Tochter, ein Enkel oder der Sohn von Freunden. Sie betrachten gerade ein Schaufenster. Plötzlich kreischen hinter Ihnen die Bremsen: Das Kind ist auf die Straße gesprungen, ein Unfall gerade vermieden. Was läuft da in Ihnen ab?

Da ist einmal eine physiologische Reaktion, weil Sie automatisch zu Hilfe springen wollen. Ihr Körper bereitet Sie auf diesen jähen Notfall vor. Ihre Herzfrequenz wird erhöht und die Muskulatur gespannt, damit Sie rasch losrennen und das Kind retten können. Gleichzeitig haben Sie ein schlechtes Gewissen, fühlen sich schuldig, weil Sie nicht auf das Kind aufgepaßt haben, sind tödlich erschrocken und zugleich erleichtert und froh, daß nichts passiert ist. All diese Not und Qual, der Säurestoß in Ihrem Magen (um Nahrung in Energie umzuwandeln) und die Muskelspannung haben eine so mächtige Wirkung, daß Sie fürchten, gleich einen Herzanfall zu bekommen.

Das sind nur wenige der Reize, die nach einer umgehenden Reaktion verlangen. Das Resultat wird wohl eine so totale Verwirrung sein, daß Sie einen Moment einfach dastehen und nichts tun – gelähmt durch Unentschlossenheit. Vielleicht schreien Sie nicht einmal. Es reicht nur zu einem automatischen, halb erstickten Ausstoß der Verzweiflung.

Viele der Botschaften an Ihr Gehirn rufen überhaupt keine Reaktion hervor. Reaktionen erfolgen nur, wenn die Intensität einer Sinnesempfindung wichtig genug ist; und diese Intensität hängt von der Häufigkeit ab, in der die Impulse empfangen werden. Gleiche Reize gleicher Stärke können natürlich bei verschiedenen Personen und verschiedenen Umständen verschiedene Ergebnisse haben. Die Wirkung hängt von Alter, Geschlecht, den Erfahrungen und der genetischen Veranlagung des Individuums ab und ebenso von der Einnahme von Medikamenten, Nahrung, Alkohol und der allgemeinen körperlichen Verfassung. Im Alter zum Beispiel nimmt die Reizempfindlichkeit ab. Alte Menschen empfinden die einen Reize stärker als die anderen.

Die Tatsache, daß Impulse nicht beachtet werden, bedeutet nicht, daß sie ausbleiben. Im Gegenteil – was immer auch geschehen mag, die Impulse kommen an. Das zentrale Nervensystem wird durch die Rezeptoren der Tast-, Geruchs-, Geschmacks-, Gesichts- und Gehörsinne und durch spezielle Rezeptoren in den inneren Organen, Blutgefäßen und Muskeln laufend auf dem jüngsten Informationsstand gehalten.

Der automatische Pilot

Ein Großteil der Informationen an unser Gehirn wird verarbeitet, ohne daß wir uns dessen bewußt sind. Zahlreiche Informationsbahnen im ganzen Körper versorgen das Gehirn fortwährend mit aktuellen Meldungen über die Außentemperatur, die Wasser- und Sauerstoffzufuhr und über Stellung und Zustand der Muskeln und Gelenke.

Unser Körper ist wie eine dieser Kugelpuppen, die bei einem Anstoß immer in ihr Gleichgewicht zurückschaukeln. Zahlreiche Abwehrmechanismen und Regelungsorgane stehen ständig bereit, uns gegen potentiell gefährliche Umweltveränderungen und physische Belastungen zu schützen. Diese eingebauten Schutzmechanismen sind von vitaler Bedeutung, denn der Körper ist ein empfindlicher und feinfühliger Organismus und kann nur wirksam funktionieren, wenn gewisse innere Grundbedingungen erfüllt sind.

Die Bedeutung und Wirksamkeit dieser Schutzmechanismen wird anschaulich durch die Tatsache, daß der Mensch seine Körpertemperatur mit etwa 36,5 Grad selbst bei extrem wechselnden Umweltbedingungen relativ stabil hält, aber sehr viel höhere oder niedrigere Außentemperaturen überleben kann. Das Alarmsystem, die Abwehrmechanismen und die Schutzvorrichtungen des Körpers befähigen ihn, sich rasch wechselnden Außenbedingungen anzupassen.

Das Alarmsystem, die Abwehrmechanismen und die Schutzvorrichtungen des Körpers befähigen ihn, sich rasch wechselnden Außenbedingungen anzupassen.

Deshalb kann der Eskimo im Iglu, der Schwarzafrikaner im Busch und der Araber im Herzen der Wüste überleben. Unser Körper behauptet seine stabile innere Verfassung, indem er seine physischen Strukturen der äußeren Umgebung gemäß verändert.

Werden wir in der Wüste ausgesetzt, erweitern sich die Blutgefäße an der Oberfläche so, daß unsere Haut rosa schimmert. Der Blutfluß in der Haut ermöglicht es unserem Körper, beträchtliche Hitzemengen abzustoßen.

Noch mehr Hitze verliert er durch die schlaue Nutzanwendung des physikalischen Gesetzes, wonach verdunstendes Wasser Wärmeverlust bedeutet. So wie man in warmen Zonen Butter kühl hält, indem man sie in wassergefüllten porösen Gefäßen aufbewahrt, die es verdunsten lassen – so verliert der Körper Wärme durch Schwitzen. Wenn Schweiß verdunstet, wird Wärme abgegeben. Schwitzen wir, produzieren wir automatisch weniger Speichel. Der Mund wird trocken. Wir werden durstig und trinken. Und auf diese Weise sorgt unser Körper wieder dafür, daß der Temperaturausgleich nicht zu einem gefährlichen Flüssigkeitsverlust führt.

Der Körper hält noch eine weitere Methode zum Temperaturaustausch zur Verfügung. Beim Ausatmen geben wir Wärme ab. Aus diesem Grund hecheln Hunde an heißen Tagen. Menschen tun genau das gleiche, nur weniger auffallend. Übrigens produziert der Körper in Ruhestellung weniger Wärme: Deshalb ist es eine natürliche menschliche Reaktion, in der Hitze still zu liegen und nichts zu tun.

Wenn der Körper – das ist das Gegenbeispiel – von kalter Luft umgeben ist, ziehen sich die Blutgefäße an der Oberfläche zusammen und reduzieren so den Blutfluß durch die Haut. Die Körperhaare richten sich auf im – ziemlich vergeblichen – Versuch, über der Haut eine warme Luftschicht einzufangen: Nachdem die Körperbehaarung beim Menschen verschwunden ist, führt Kälte nur mehr zu einer nutzlosen Gänsehaut. Aber wir zittern auch, weil das die Muskeln zur Tätigkeit anregt und damit Wärme erzeugt wird; vielleicht stampfen wir auch unwillkürlich mit den Füßen – es dient dem gleichen Zweck.

Blut ist ein ganz besonderer Saft: lebenswichtig. Es transportiert Sauerstoff aus der Lunge ins Gewebe und Schlacken ab. Ohne ständigen Blutstrom würde der Körper sterben. Bei Blutverlust setzt der Körper eine Reihe von Techniken ein, um sicherzustellen, daß der verbliebene Vorrat zweckmäßig genutzt wird – genau wie Stromerzeuger sicherstellen, daß lebenswichtige Institutionen in Notfällen mit Energie versorgt werden. Im Körper sind dies Gehirn und Herz, und deshalb reduziert er in solchen Fällen die Ausdehnung der Gefäße, die Haut und Muskeln versorgen. Gleichzeitig werden die Gefäße erweitert, die Gehirn und Herz speisen.

Zusätzlich wird Gewebeflüssigkeit in das Blut abgegeben, damit sein Volumen erhalten bleibt; diese Umsetzung führt wiederum zu Durstgefühlen und damit zur Ergänzung verlorener Flüssigkeit. Wenn das System irgendwo ein Leck – eine Wunde – hat, wird ein Gerinnungsmechanismus in Gang gesetzt, sobald die Blutgefäße eingedrungene Keime ausgeschwemmt haben.

Außer diesen Mechanismen, mit denen der Körper seine innere Verfassung gegen Veränderungen der äußeren Bedingungen behauptet, gibt es eine Anzahl automatischer Reaktionen, durch die er sich gegen eine Reihe anderer spezifischer Gefährdungen schützt.

Wenn uns jemand mutwillig mit einer Feder in der Nase kitzelt, werden wir wahrscheinlich niesen: Durch diesen Reflex befreit sich der Körper von Fremdkörpern in der Nase. Wenn ein Krümel in die Kehle gerät, werden wir husten und automatisch schlucken, so daß wir durch die Speiseröhre in den Magen befördern, was wir ausgehustet haben. Wenn der Krümel zu groß ist, werden wir würgen und das Ding wieder ausspucken; wenn es ungenießbar ist, wird es der Magen wahrscheinlich verweigern und einen Brechreiz auslösen. Gerät etwas Ekelhaftes in den Mund, werden die Speicheldrüsen reagieren und es ausschwemmen. Stolpern wir durch einen Sandsturm, werden sich unsere Lider automatisch zum Schutz der Augen schließen und die Tränen fließen, um die Bindehaut sauberzuhalten. Setzen wir uns in einen Reißnagel, werden wir automatisch in die Höhe sausen. Gelangen bestimmte Bakterien in Magen und Darm, reagieren wir mit Erbrechen und Durchfall, weil der Körper die unerwünschten Eindringlinge loswerden will. Ziehen wir uns eine Infektionskrankheit zu, wird der Körper mit einem Temperaturanstieg antworten, um die Erreger abzutöten. Nach anstrengenden körperlichen Tätigkeiten, die uns einen Haufen Kohlenhydrate gekostet haben, fühlen wir uns hungrig: Unser leerer Magen zieht sich zusammen und löst ein dumpfes, nagendes Gefühl aus, das wir durch Essen stillen können.

Jede dieser zuverlässigen automatischen Reaktionen beweist, daß unser Körper am besten weiß, was zu tun ist. Leider wissen wir das selten zu würdigen. Wir fügen diesen natürlichen Fähigkeiten Schaden zu, indem wir unsere Schutzmechanismen verkümmern lassen und vorsätzlich ausschalten – wie Büromenschen, die aus lauter Bequemlichkeit Brandschutztüren aufreißen.

Schon bei einer leichten Darminfektion greifen wir in den Arzneischrank, um den Durchfall zu stoppen. Selbst bei Völlegefühl futtern wir weiter. Wenn uns heiß wird, greifen wir zur Eiskrem, schalten die Klimaanlage an und stillen den Schweißfluß mit Puder. Und wenn die Mandeln zur Abwehr von Infektion anschwellen, lassen wir sie gleich entfernen. Als Lohn für soviel Schlauheit entwickeln wir neue und lästigere Erkrankungen, Erkältungen und langwierigere Infektionen.

- Ihre Pupillen weiten sich, und Ihre Netzhaut reagiert sensibler auf Licht, so daß Ihr Blick schärfer wird.
- Ihr Gehör wird ebenfalls empfindlicher. Tiere spitzen die Ohren; beim Menschen ist dieser Reflex schon lange verschwunden.
- Ihr Kopf richtet sich automatisch zur Reizquelle hin, damit Sie das bestmögliche Wahrnehmungsvermögen haben.
- Ihre Muskeln spannen sich kampfbereit, und der Puls wird vorübergehend langsam.
- Der Blutfluß zum Gehirn wächst, so daß man von den Hirnzellen optimalen Gebrauch machen kann.
- Der Blutfluß in die Gliedmaßen läßt nach, damit bei Verletzungen wenig Blutverlust entstehen kann.

Der Körper im Alarmzustand

Informationen, mit denen die automatischen Schutzmechanismen des Körpers nicht allein fertig werden können, verlangen sofortige Aufmerksamkeit. Wenn Sie sich beispielsweise allein in einem Raum glauben und eine Katze hinter Ihnen einen Teller vom Regal fegt, stellt sich Ihr Körper sofort auf eine Notsituation ein: Es könnte ein Einbrecher sein! Damit Sie die Situation klären und über ihre Bedeutung eine Entscheidung treffen können, schnellt die Reaktionsfähigkeit Ihrer Sinnesorgane jäh in die Höhe. Ihre Hirnanhangdrüse (Hypophyse) setzt sofort sogenannte adrenokortikotrope Hormone frei, welche die Nebennieren zu Produktion von

Steroiden und Adrenalin stimulieren: Das sind Hormone, die den Blutdruck steigern, die Blutgefäße der Haut verengen und die Blutversorgung der Muskeln verstärken. Die Verengung des Oberflächengewebes mindert bei Verletzungen den Blutverlust und hält die Blutzufuhr lebensnotwendiger Organe und Muskeln aufrecht.

Ihr Körper hat Sie in Alarmbereitschaft versetzt. Im Notfall werden Sie schneller rennen, höher springen und härter zuschlagen, als Sie es für möglich hielten – und sehr viel rascher reagieren.

Bei falschem Alarm

Wenn die Aufregung sich als übertrieben herausstellt, stellen die Drüsen ihre Aktivität ein, und die Reaktion des Körpers klingt ab. Seine Anpassungsfähigkeit ist in der Tat begrenzt: Wenn der Reiz anhält, reagiert er von neuem. Diesen Anpassungsmechanismus kann man an einem simplen Beispiel erklären.

Wenn Sie in einem Raum mit tickender Uhr sitzen, wird diese Wahrnehmung allmählich verblassen. Ihr Körper gewöhnt sich daran: Die Rezeptoren, die den Impuls der Ohren aufnehmen, interessieren sich nicht mehr für die Information. Eine Reaktion ist nicht erforderlich. (Wenn das Ticken aber aufhört oder lauter wird, merken Sie es. Der Reiz hat sich verändert, und Ihr Gehirn muß nun entscheiden, ob das von Bedeutung ist oder nicht.)

Bei aller Anpassungsfähigkeit aber kann Ihr Körper seine Informationen nur begrenzt ignorieren. Ein sehr lautes und beharrliches Ticken ignoriert er eine ganze Weile, aber dann ruft er die Information doch wieder ins Bewußtsein. Sie hören es, weil es sein Adaptionsvermögen übersteigt. Und dann finden Sie es wahrscheinlich ganz unerträglich.

Die innere Bedrohung

Bei Tieren ist ein Reizanstoß von außen die Voraussetzung zur Aktivierung des Schutzsystems. Beim Menschen nicht. Da geht er eher von den Gehirnzentren aus als von der äußeren Umgebung. So unbestimmte und persönlichkeitsimmanente Prozesse wie Gedanken und Ahnungen können eine Reaktion auslösen. Daraus entstehen dann Probleme, weil Ihr Körper nicht unterscheiden kann zwischen physischer Angst und durch den Verstand bedingten Ängsten.

Wenn Sie sich einem bewaffneten Einbrecher gegenüber sehen, können Sie ihn entweder töten, fliehen oder selbst getötet werden, und Ihr Körper wird Sie auf programmierte Weise wirksam unterstützen. Wenn Sie gekündigt werden, wird Ihr Körper auf eine ähnliche, dann aber völlig unangemessene Weise reagieren. In beiden Situationen werden sich Pulsschlag, Blutdruck und andere Funktionen verändern. Der Unterschied ist nur, daß die Konfrontation mit dem Einbrecher verdammt schnell beendet ist, Ihre Arbeitslosigkeit aber lange andauern kann und darum immer wieder dieselben Symptome hervorruft. Das Ergebnis ist, daß Sie als beständige Erinnerung an Ihr Problem einen erhöhten Blutdruck, wiederholte Herzanfälle oder ein Magengeschwür entwickeln.

Der Arbeitslose kann sich einen neuen Job wünschen und mit aller Energie danach suchen – aber er kann sein Los nicht bestimmen, und die Bemühungen seines Körpers, ihm zu helfen, sind mehr als nutzlos: Sie sind schädlich. Der Körper unterliegt dem Mißverständnis, daß der Notfall sofortiges Handeln erfordere, und begreift nicht, daß seine »Hilfe« jetzt unerwünscht ist. Er produziert permanent erhöhten Blutdruck, schüttet Magensäure aus und hält die Muskulatur in Dauerspannung.

Der menschliche Körper ist auf Überlebensverhältnisse eingerichtet, in denen vitale Herausforderungen eine schnelle Reaktion verlangen und selten von Dauer sind. Mit dem Tempo des modernen Lebens wächst auch die Menge der Reize, die die Reaktionsfähigkeit des Körpers beanspruchen. Wir leben im Zeitalter des Stresses! Aber nicht etwa, weil die Streß bedingenden Ereignisse schlimmer wären als vor hundert Jahren; sondern weil sie einfach unvergleichlich häufiger sind und man ihnen schwerer entkommen kann.

Wie ich schon erklärt habe, gibt es eine Menge Leute, die ganz gezielt darauf hinarbeiten, uns unter Streß zu setzen. Die fortgesetzten und andauernden physiologischen Wechselwirkungen, denen wir unter diesem permanenten Druck ausgesetzt sind, fügen unserem Körper unermeßlichen Schaden zu.

KAPITEL DREI

Die Motive erkennen

Die meisten von uns besitzen ziemlich wenig Kontrolle über ihr Leben. Gewöhnlich gehen wir die Dinge nicht so an, wie wir *wollen*, sondern wie es von uns erwartet wird und wie die Leute es wollen; die versteckten Triebkräfte, denen wir gehorchen, kennen wir meist nicht so genau. Sehr persönliche und selbstbezogene Beweggründe wie Ehrgeiz, Eitelkeit und Lustbefriedigung verleiten uns zu Handlungsweisen, die wir eigentlich nicht richtig finden und nicht billigen würden. Stellen Sie sich folgendes Szenario vor.

Es ist Samstagnacht und in den Büroräumen der Interstellaren Gesellschaft für Plastikösen und Blaupausen brennt immer noch das Licht. Eine Reihe von Leuten arbeitet daran, die Marktstrategie für einen neuen Typ transparenter, hitzebeständiger Blaupausen zu entwickeln. Warum sind all diese Menschen, und zwar jeder einzelne, so spät noch in ihrer Firma?

Gewöhnlich gehen wir die Dinge nicht so an, wie wir wollen, *sondern wie es von uns erwartet wird.*

John ist 62 Jahre alt, Vorstandsvorsitzender der Gesellschaft, und besitzt noch immer 51 Prozent der Anteile. Er hat das Unternehmen aufgebaut und will seinem Enkel ein florierendes Geschäft übergeben. Die Enttäuschung seines Lebens: Er hatte keinen eigenen Sohn. Die einzige Tochter ist mit einem Arzt verheiratet, der sich für das Geschäft überhaupt nicht interessiert. Aber da gibt es einen neunjährigen Enkel, in den er vernarrt ist und in den er große Hoffnungen setzt. Der soll das Unternehmen fortführen und eine Dynastie begründen. Johns bestimmendes Motiv an diesem Abend ist *Ehrgeiz*.

Neil zählt schon 58 Jahre. Er hat für John Roberts ein Leben lang gearbeitet. Seit einigen Jahren ist er Geschäftsführer der Firma. Er verehrt und bewundert seinen Chef und würde für ihn durchs Feuer gehen. Er ist an diesem Abend deshalb noch im Haus, weil er den jungen Leuten nicht ganz über den Weg traut und fürchtet, daß sie mehr ihre eigene Karriere als das neue Produkt im Auge haben könnten. Ihm geht es in erster Linie darum, das Interesse des Unternehmens zu wahren. Sein Leitmotiv an diesem Samstagabend ist *Loyalität*.

Mary ist John Roberts' persönliche Referentin, 28 Jahre alt, verheiratet, aber nicht sehr glücklich. Ihr Mann trinkt zu viel und ist bestimmt auch zu dieser Stunde wieder mit seinen Saufkumpanen unterwegs. Kinder hat sie keine. Mary ist an Überstunden nicht interessiert – aber sie mag auch nicht nach Hause gehen und sich einsam vor den Fernseher setzen. Ihr primäres Motiv ist *Langeweile*.

Michael ist Angestellter, 32 Jahre alt, verheiratet, zwei Kinder – und unglücklich verliebt in Mary. Als Herstellungsleiter müßte er überhaupt nicht da sein; doch er hat einen guten Grund: bei Mary zu sein. Sein Motiv ist *Lusterfüllung*.

Peter, der Marketingleiter, ist 42 Jahre alt und wäre eigentlich viel lieber zu Hause. Es ist sein Hochzeitstag, und seine Frau hat eine kleine Feier arrangiert. Aber er hat den College-Unterhalt von zwei Kindern, eine große Hypothek und ein überzogenes Konto zu finanzieren. Er weiß, daß er in seinem Alter keinen ebenso gut bezahlten Job mehr findet. Und darum kann er in der gegebenen Situation nicht nach Hause gehen. Sein Grund ist *Angst*.

Jane, zuständig für Public Relation, ist 32 Jahre alt, ledig und sehr stolz auf ihre Position. Die Firma interessiert sie mehr als alles andere. Die meisten Führungskräfte führen einen Managertitel, aber sie hat John die Bezeichnung »Direktor« abgerungen. Sie fährt einen größeren und teureren Wagen als alle anderen, sie hat das größte und luxuriöseste Büro. Sie hat einen eigenen Parkplatz, und ihre Sekretärin nennt sich »Assistentin«. Ein Vierteljahr lang hat sie um den Einbau eines Waschraums in ihrer Bürosuite gekämpft. Jetzt ist sie noch im Haus, weil irgend etwas passieren könnte, was ihren Status gefährden könnte. Janes Motiv ist *Geltungssucht*.

Jim, 28, hat das neue Produkt erfunden. Verheiratet, zwei kleine Kinder. Er ist sehr stolz auf seine innovativen Fähigkeiten und überzeugt, der letzte Wurf sei der beste. Er ist dabei, weil er nicht will, daß die anderen aus seinem Baby irgendein Allerweltsprodukt machen. Sein Hauptmotiv ist *Stolz*.

Doreen, 44, ist die Vertriebsleiterin. Sie unterhält zwei Töchter im Internat, ist geschieden und seit drei Monaten mit einem 22 Jahre jüngeren Mann liiert. Sie hat Schuldgefühle, weil ihre Ehe zerbrochen ist: eine Affäre mit einem ihrer Vertreter. Weil ihre Töchter im Internat sind und weil sie mit einem so viel jüngeren Mann zusammenlebt. Was sie am meisten belastet: Einen Monat zuvor hat die Firma einen großen Auftrag verloren, weil sie frech zu dem wichtigen Kunden war. Niemand weiß, daß es ihr Fehler war. Doreen hat ihn einem jungen Vertreter angelastet, den sie dann feuerte. Auch diese Schuld plagt sie. Doreen müßte an diesem Abend nicht dabei sein, es berührt ihren Job nicht. Aber sie ist da, weil sie meint, die Firma im Stich gelassen zu haben.

Viele Beweggründe sind geradlinig und leicht zu begreifen. Aber Schuldgefühle, wie die von Doreen, sind ein ungeheuer subtiles, ja zerstörerisches Motiv und etwas ganz anderes (vgl. S. 38). Doreens Motiv an diesem Abend war *Schuldgefühl*.

Schuldgefühle
Das wichtigste aller Motive

Schuldbewußtsein als Motiv ist so verbreitet wie Liebe und so schädlich wie Haß. Es ist heimtückischer, hartnäckiger und destruktiver als Ehrgeiz oder Geltungssucht. Die meisten von uns leiden zeitweise darunter und einige auch ständig. Je mehr man sich um andere kümmert, je einfühlsamer und bedachtsamer man ist, desto mehr ist man ihm ausgesetzt. Fanatiker kennen keine Schuldgefühle, denn sie stecken voller Selbstgerechtigkeit, für Selbstzweifel bleibt da kein Platz mehr. Von Kräften getrieben, die größer und mächtiger scheinen als alles andere, kümmern sie sich nicht darum, was andere denken. Ihre Selbstbezogenheit duldet keine Gefühlsregungen, wie etwa Scham oder Bedauern – die Grundelemente, aus denen Schuldbewußtsein entsteht.

Psychopathen bleiben von Schuldbewußtsein verschont, weil sie Gefühle wie Liebe und Mitempfinden nicht kennen. Da der Psychopath gegen solche Emotionen immun ist, kennt er auch keine Schuld. Ohne Mitgefühl kann man sich nicht schuldig fühlen.

Wir neigen zu einem sehr abstrakten Schuldbegriff, schwarz oder weiß. Wir sind uns darüber im klaren, daß wir uns schuldig fühlen, wenn wir etwas tun, wovon wir wissen, daß es falsch ist:

eine Fensterscheibe einwerfen, einen Apfel stehlen oder ein Gesetz brechen.

Aber so einfach ist das nicht. Die wirklich bösen und zerstörenden Schuldgefühle werden nicht etwa durch große Verbrechen oder kleine Vergehen ausgelöst, sondern durch empfindliche und nagende Selbstzweifel oder das überwältigende Gefühl der eigenen Unzulänglichkeit – häufig bestimmt durch unsere Unfähigkeit, uns den unmöglichen Erwartungen unserer Lieben und Nächsten gewachsen zu zeigen.

Ein Großteil unserer Schuldgefühle geht auf die – bewußten oder unbewußten – Anforderungen derer zurück, die wir besonders schätzen und lieben. Die am meisten Liebe und Gespür für ihre Mitmenschen besitzen, sind am stärksten von Schuldbewußtsein bedroht.

Die am meisten Liebe und Gespür für ihre Mitmenschen besitzen, sind am stärksten von Schuldbewußtsein bedroht.

Schuldempfinden ist schwer zu beschreiben. Praktisch ist es für die meisten von uns kaum von dem zu unterscheiden, was wir gemeinhin unser quälendes Gewissen nennen: der unbestimmbare innere Mechanismus, mit dem wir uns selbst bestrafen, wenn wir etwas Falsches getan haben. Aber es gibt da einen Unterschied. Das Gewissen setzt eine klare Trennungslinie, die das Gute vom Bösen und das Schlechte vom Guten scheidet. Es gibt so gut wie nie ein Problem, ob etwas in die gute oder in die schlechte Kategorie gehört.

Doch das Schuldgefühl, unter dem wir bei dem Verdacht leiden, etwas Falsches – oder, häufiger, nicht das Richtige – getan zu haben, ist ein völlig anderes Phänomen. Wir bekommen es, weil wir spüren, daß wir versagt haben. Kann sein, daß wir etwas unterlassen haben, was wir hätten tun sollen. Oder etwas getan haben, was wir besser unterlassen hätten. Das Ergebnis ist dasselbe: Wir quälen uns mit Selbstvorwürfen. Wir haben uns angeklagt und für schuldig befunden. Schuld ist eine der mächtigsten und verheerendsten menschlichen Empfindungen und – welche Ironie – entsteht nur aus Liebe, Mitleid und Achtung füreinander. Es gibt so viele Ursprünge von Schuld, daß man sie unmöglichordnen kann. Aber die meisten lassen sich zwei Hauptgruppen zuordnen.

Einmal gibt es die Schuld, die aus den persönlichen Beziehungen zu anderen Menschen entsteht. Das sind sicherlich die schlimmsten Schuldgefühle, denn sie beziehen sich auf Menschen, auf deren Meinungen und Empfindungen wir größten Wert legen (S. 38).

Zum anderen gibt es ein Schuldbewußtsein, das durch die Gesellschaft geschaffen wird. Um es genauer zu sagen: durch ihre Anforderungen und Erwartungen. Die meisten von uns habeneinen inneren Sinn für falsch und richtig, und wenn wir dagegen verstoßen, fühlen wir uns schuldig. Dieser Sinn rührt jedoch nicht aus irgendeiner geheimnisvollen und ererbten Kraft, und er ist uns auch nicht von Gott gegeben – das ist etwas ganz anderes als Gewissen. Er stammt vielmehr aus den religiösen und sozialen Vorurteilen und Mustern, die durch Beispiel und Lernen geschaffen, geprägt und genährt werden. Manche dieser Zwänge scheinen einleuchtend, vernünftig und logisch; andere sind schwerer erklärlich.

Beim Stehlen fühlen wir uns schuldig, weil Diebstahl als unsozial, als falsch angesehen wird. Andere Schuldgefühle sind schwieriger zu erklären, weil sie sich aus Vorurteilen und Ängsten entwickeln, die keine besonders gravierende Ursache haben. Viele von uns fühlen sich schuldig, wenn sie am Samstag- oder Sonntagvormittag im Bett liegen, wenn sie ihr Geld gar zu leicht verdienen, wenn sie nackt gesehen werden oder sich nachmittags ins Kino setzen, statt zu arbeiten.

Diese Art von »Schuld« wird durch einen sozialen Verhaltenskodex erzeugt und hat einen verheerenden Einfluß auf unser Leben, weil sie uns minderwertig und unzulänglich fühlen läßt und unser Selbstvertrauen wie unsere Selbstachtung zerstört.

Wenn wir uns schuldig fühlen, weil wir die Erwartungen anderer nicht erfüllt haben, fühlen wir uns unsicher und verlieren unsere Zuversicht. Das Maß an Liebe und Achtung für die

Menschen, vor denen wir »versagt« haben, bestimmt das Ausmaß unseres Schuldbewußtseins. Bei den meisten von uns sind das Schamempfinden und der Selbstwertverlust am stärksten an die Gefühle für unsere Eltern gebunden. Wenn wir spüren, sie enttäuscht zu haben, bestrafen wir uns selbst mit unnachgiebiger Strenge.

Unter allen Streßarten richtet der innere Druck, der durch Schuldgefühle hervorgerufen wird, den größten Schaden an, weil man ihm unmöglich entgehen kann und seine Folgen so tiefreichend sind.

Viele *Workaholics*, die sich nicht entspannen können und selbst unter immer härteren Arbeitsdruck setzen, werden durch einen Mangel an Selbstachtung und die brennende Angst vor Versagen getrieben. Viele Menschen, die sich selbst zu hart vorantreiben – wie groß ihre Verdienste auch sein mögen –, tun das aus einem fortwährenden und unentrinnbaren Gefühl der Unzulänglichkeit, das wahrscheinlich durch das permanente Verlangen nach elterlicher Belobigung ausgelöst wurde. Schuldempfinden ist eine der großen Ursachen von Erkrankungen des Herzens, nervösen Darmstörungen, Kopfschmerzen und hundert anderen Streßkrankheiten.

Mach dir um mich keine Sorgen!

Im Kasten (rechts) finden Sie einige Sätze, die Schuldgefühle verursachen. Wir haben sie alle viele Male gehört und wahrscheinlich auch verwendet – vor allem bei Menschen, um die wir uns sehr bemühen. Meistens, ohne daran zu denken, wie sehr man andere damit manipuliert; aber manchmal auch ganz gezielt.

Die vierzehn Antriebskräfte reichen allerdings bei weitem nicht aus, menschliches Handeln zu erklären. Sind Unterlegenheitsgefühle, Loyalität und Langeweile etwa keine wichtigen Triebkräfte, und beeinflussen sie nicht, was und warum und wann wir etwas tun? Und was ist mit dem Schuldgefühl, dem vielleicht wichtigsten Motiv?

Viele unterschiedliche Triebkräfte in jedem von uns, geformt durch genetische Anlage oder Sozialisationsprozesse, beeinflussen unsere Handlungsweise. Immer ist dabei auch ein sehr selbstsüchtiges Motiv mit im Spiel. Es mag herz-

Phrasen, die Schuld erzeugen

- ○ Kümmere dich nicht um mich, es geht mir gut.
- ○ Wenn du mich gern hättest, würdest du das nicht tun.
- ○ Ich warte am Telefon, falls du anrufst.
- ○ Weihnachten verbringe ich allein und denke an dich.
- ○ Du weißt gar nicht, welche Opfer wir dir gebracht haben.
- ○ Das tue ich nur für dich.
- ○ Schicke mir eine Karte, wenn du einen Moment Zeit für mich hast.

Erkennen Sie Ihre Motive

Gewöhnlich beeinflussen sieben Tugenden das menschliche Verhalten

○ Klugheit ○ Mäßigkeit
○ Tapferkeit ○ Gerechtigkeit
○ Glaube ○ Hoffnung ○ Liebe

Und sechs Sünden

○ Stolz
○ Habsucht
○ Wollust
○ Neid
○ Unersättlichkeit
○ Wut
○ Faulheit

los klingen, aber Beziehungen funktionieren am besten, wenn beide Seiten ihren Gewinn daraus ziehen. Das Verhalten der meisten Menschen zielt darauf ab, sich selbst größtmögliche Befriedigung zu verschaffen.

Auch wenn es uns wenig gefällt, so ist es doch wahr: Wenn einer dem anderen hilft, so hat er selbst genau soviel Nutzen davon wie der Empfänger. Wer jede Woche von sich aus mehrere Stunden darauf verwendet, älteren, kranken und schwachen Menschen zu helfen, befriedigt damit seine eigenen Triebe und Bedürfnisse. Alle guten Taten sind im Grunde selbstsüchtig – was ihren Wert mitnichten mindert.

In jeder Beziehung und jeder Situation gibt es eine Reihe primärer Beweggründe für unser Handeln. Wenn Ihr Wagen gestohlen wird, sind Sie wahrscheinlich voller Wut auf den Dieb, außerdem machen Sie sich Vorwürfe und fühlen sich schuldig, weil Sie die Tür nicht verschlossen haben; und dann machen Sie sich natürlich Sorgen, ob die Versicherung in vollem Umfang zahlen wird. Wenn Sie entlassen worden sind, sind Sie einmal wütend auf Ihren Arbeitgeber, zum anderen deprimiert, weil Sie Ihre Stelle nicht halten konnten, und zudem besorgt und in Angst um die Familie, für die Sie verantwortlich sind.

Was Sie nun jeweils unternehmen, hängt von der Kombination der Beweggründe ab, die aus Ihren emotionalen Reaktionen entstehen. Wenn Sie begreifen, welche Beweggründe Sie zu diesem oder jenem Verhalten veranlassen, wird es Ihnen sehr viel leichter fallen, mit eigenen Schwächen fertig zu werden, Ihre Geschicke zu lenken, Probleme vorherzusehen und vielleicht zu vermeiden, menschliche Beziehungen zu verbessern und den Streß in Ihrem Leben unter Kontrolle zu halten.

Schauen Sie auf die beiden Listen (rechts u. S. 40). Die erste zählt ein paar Dinge auf, die Sie während der letzten Wochen getan haben könnten und Sie vielleicht bekümmerten oder zu mehr Streß führten. Auf der zweiten sind einige denkbare Gründe für Ihre Handlungsweise aufgeführt – die primären Beweggründe, die Ihr Leben beherrschen.

Versuchen Sie herauszufinden, welches Motiv Sie jeweils am stärksten bewegte. Wenn Sie die Gründe analysieren und begreifen, können Sie Ihr Leben besser beherrschen. Die meisten von uns haben bemerkenswert wenig Kontrolle über ihr Leben.

Wir arbeiten hart in Stellungen, die wir nicht mögen, damit wir Geld verdienen für Anschaffungen, die wir nicht wirklich brauchen. Wir schaffen unseren Streß selbst. Wenn Sie verstehen, wie sich dieser Streß entwickelt, können Sie lernen, ihn zu überwinden.

Handlungsweisen

Welche dieser Dinge haben Sie im letzten Monat getan?

- ○ Sind Sie zu jemandem nett gewesen, den Sie nicht mögen?
- ○ Sind Sie zu jemandem häßlich gewesen, den Sie mögen?
- ○ Haben Sie eine Party besucht, auf die Sie nicht wollten und die Sie nicht mochten?
- ○ Haben Sie an einem Treffen teilgenommen, das Ihnen keinen Spaß machte und nichts brachte?
- ○ Haben Sie gelogen, um jemanden zu schützen, den Sie lieben?
- ○ Haben Sie gelogen, um jemanden zu schützen, den Sie gar nicht mögen?
- ○ Haben Sie etwas geschrieben, was Sie später bedauerten?
- ○ Haben Sie etwas Unschönes über jemanden gesagt, den Sie mögen?
- ○ Haben Sie sich zu etwas bereit erklärt, was Sie gar nicht tun wollten?

Beweggründe

Versuchen Sie jetzt zu entscheiden, *warum* Sie etwas getan haben. Die Liste enthält keine so einfachen Dinge wie z. B. »Ärger«. Der tiefere Grund hinter dem Ärger ist wichtiger.

- ○ Ehrgeiz
- ○ Angst
- ○ Verbitterung
- ○ Langeweile
- ○ Bequemlichkeit
- ○ Habsucht
- ○ Feigheit
- ○ Neid
- ○ Aufregung
- ○ Vertrauen
- ○ Furcht
- ○ Gier
- ○ Schuld
- ○ Haß
- ○ Hoffnung
- ○ Eifersucht
- ○ Freundlichkeit und Gutherzigkeit
- ○ Liebe
- ○ Loyalität
- ○ Lust
- ○ Masochismus
- ○ Halsstarrigkeit
- ○ Mitleid
- ○ Vorurteil
- ○ Prestige
- ○ Stolz
- ○ Achtung
- ○ Verantwortungsgefühl
- ○ Sadismus
- ○ Selbstsucht
- ○ Schüchternheit
- ○ Faulheit
- ○ Eigensinn
- ○ Eitelkeit

Ruiniert die Arbeit Ihre Gesundheit?

Workaholismus oder Arbeitssucht ist eine krankhafte Unfähigkeit, mit der Arbeit aufzuhören. Sie verbreitet sich immer mehr. Oft ist sie auf ein früh entstandenes Gefühl von Unzulänglichkeit zurückzuführen. Manche treiben sich auch gewaltsam voran, weil sie Angst vor etwas haben: gewöhnlich vor Versagen oder Armut. Andere haben einfach das Bedürfnis, besser zu sein als alle anderen.

Wenn Arbeit Ihre Gesundheit ruiniert, können Sie Abhilfe schaffen. Beantworten Sie zuerst ein paar einfache Fragen:

- ▷ Sind Sie dauernd beschäftigt?
- ▷ Fühlen Sie sich ständig unter Druck?
- ▷ Hätten Sie gern mehr Zeit für sich selbst?
- ▷ Fällt es Ihnen schwer, zu entspannen?
- ▷ Nehmen Sie sich keinen freien Tag – auch wenn Sie ihn brauchen?
- ▷ Haben Sie Schwierigkeiten mit dem Schlafen?
- ▷ Arbeiten Sie abends und an Wochenenden?
- ▷ Nehmen Sie die Mahlzeiten während der Arbeit zu sich?
- ▷ Erwachen Sie nachts mit dem Gedanken an Arbeit und Geld?
- ▷ Fällt es Ihnen schwer, langsamer zu treten?

Schon bei einer mit Ja beantworteten Frage, sind Sie gefährdet und haben die Anlagen zu einem *Workaholic*. Sie könnten leiden unter:

- ○ Ekzemen oder Dermatitis
- ○ Magenverstimmungen
- ○ Nervösem Darm
- ○ Arthritis
- ○ Bluthochdruck
- ○ Asthma
- ○ Kopfschmerzen oder Migräne

Sie müssen keiner besonderen Berufsgruppe angehören, um ein Workaholic zu sein. Selbständige werden bei der Jagd nach Erfolg oft genauso zum Opfer wie Angestellte – vor allem, wenn diese unter harter Konkurrenz und einem rücksichtslosen Chef arbeiten. Hausfrauen leiden darunter nicht seltener als andere. Das Ergebnis ist eine zerrüttete Gesundheit. Doch mit ein paar simplen Regeln können Sie sich selbst helfen.

1. Unterlassen Sie unnötige Arbeit. Das ist zu Hause so wichtig wie im Beruf. Viele Hausarbeiten werden zur Gewohnheit – auch wenn sie überflüssig sind. Waschen Sie das Auto erst, wenn es wirklich schmutzig ist.

2. Lassen Sie immer ein Viertel Ihrer Zeit unverplant. Wenn Sie den Tag mit Verabredungen und Verpflichtungen vollpacken, werden Sie die unvermeidlichen Krisen in Panik versetzen.

3. Machen Sie jede Woche eine Aufstellung Ihrer Aufgaben. Setzen Sie die dringenden Vorhaben auf eine Liste, die weniger bedeutenden auf eine zweite und die übrigen auf eine dritte. Dann können Sie sicher sein, daß die wichtigen Sachen zuerst erledigt werden – ehe es knapp wird.

4. Lösen Sie große Aufgaben in Etappen, das verringert den Streß.

5. Wenn Sie eine neue Sache angehen, müssen Sie eine alte ablegen – sonst wächst Ihr Arbeitspensum ins Unermeßliche.

6. Lassen Sie sich von anderen helfen. Delegieren Sie. Umgeben Sie sich mit Leuten, auf die Verlaß ist. Zu Hause können die Kinder beim Abwasch und Kartoffelschälen helfen und allmählich mehr Aufgaben übernehmen.

7. Entspannung muß zu einer Priorität werden und steht auf der Dringlichkeitsliste: Jeden Tag eine Weile der Entspannung, ganz bedacht und wirkungsvoll.

8. Körperlicher Fitneß gebührt Priorität – also auf Liste 1! Je besser Sie in Form sind, desto besser bewältigen Sie Streß und Druck.

9. Lassen Sie Ihre Arbeit nicht in alle Lebensbereiche eindringen. Wenn Sie einmal zu Hause arbeiten, dann nur in einem Raum.

10. Lernen Sie, nein zu sagen. Das kann schwerfallen. Aber es ist sehr viel leichter, als ja zu sagen und etwas zu tun, was man nicht möchte und nur Zeit kostet. Zum Schluß: Machen Sie nicht den Fehler, sich für unentbehrlich zu halten. Die Friedhöfe sind voll von solchen Leuten.

Wenn Sie wissen wollen, wie unentbehrlich Sie sind:

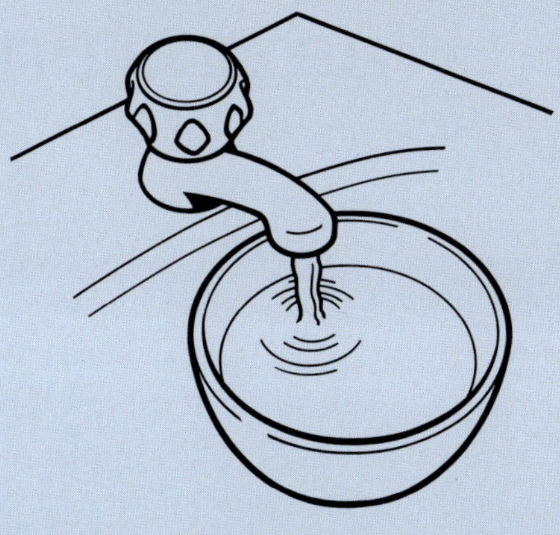

○ **Füllen Sie eine Schale mit warmem Wasser.**

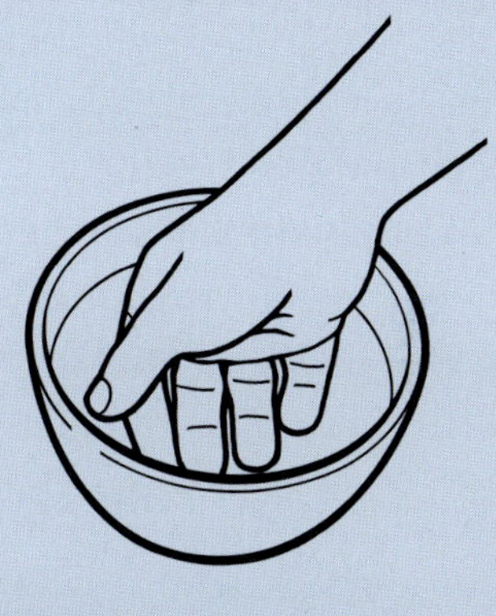

○ **Legen Sie die Hand in die Schale.**

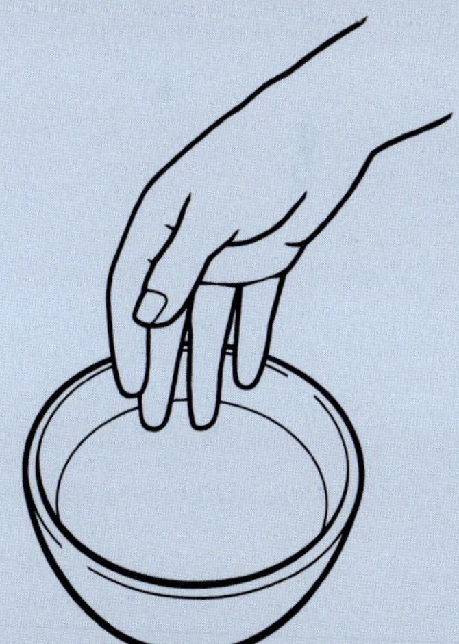

○ **Nehmen Sie Ihre Hand heraus.**

○ **Betrachten Sie die Größe des Lochs, das Ihre Hand hinterlassen hat.**

○ **So unentbehrlich sind Sie.**

KAPITEL VIER

Was uns unter Druck setzt

Es gibt nur zwei zuverlässige Wege, sich gegen die ruinöse Wirkung von Streß auf Gesundheit und Leben zu sichern. Man kann die Streßbelastung im Leben verringern oder die Fähigkeit verbessern, mit ihm fertig zu werden. Mancher Streß ist unvermeidbar. Man kann in unseren Tagen nicht leben, ohne von ihm umgeben zu sein. Vieles von dem, was wir tun, ist zumindest »stressig«, aufreibend. Und häufig haben wir auf diesen Streß keinen Einfluß. Sie können, wie wir bereits gesehen haben, nichts gegen den latenten Streß tun, der durch Werbung, Politik und andere Leute geschaffen wird, die wollen, daß Sie sich auf eine bestimmte Weise verhalten. Dieser Streß – ich nenne ihn den toxischen – wird immer da sein. Aber das heißt nicht, daß man ihm nicht aus dem Weg gehen oder ihm nicht entrinnen könnte. Es gibt viele Methoden, die Auswirkungen von toxischem Streß auf unser Leben zu vermindern, und ohne Zweifel eine Menge Streß im eigenen Leben, den wir vermeiden können.

Fangen Sie damit an, und machen Sie eine Liste all der Dinge, die Sie in der Arbeit und zu Hause, tagsüber, des Abends und am Wochenende unter Druck setzen. Wenn Sie zu Veranstaltungen gehen, die Ihnen zu anstrengend oder eine Plage sind – lassen Sie es

Es gibt viele Methoden, die Auswirkungen von toxischem Streß auf unser Leben zu vermindern, und ohne Zweifel eine Menge Streß im eigenen Leben, den wir vermeiden können.

sein. Wenn Sie Ihren Sport zu ernst nehmen – streichen Sie ihn. Viele Leute glauben, dem Streß zu entgehen, wenn sie Tennis, Squash oder Fußball spielen, joggen oder ins Fitneßstudio rennen. Sie mögen sich damit schon helfen, Übungen können ausgesprochen entspannend wirken. Aber es ist auch möglich, daß Sie Ihre vorhandene Streßbelastung auf ein unzuträgliches Maß schrauben, wenn Sie Ihren Sport zu ernst nehmen.

Nach der Liste auf Seite 44 können Sie die wirklichen Prioritäten herausfinden und auch jene Streßbelastungen, die sich vermeiden lassen. Vermutlich werden Sie dabei feststellen, daß Sie eine ganze Reihe von Dingen nur tun, weil Sie nicht nein sagen mögen oder fürchten, andere Leute zu verprellen, oder einfach, weil Sie glauben, sie tun zu müssen. Dieses Gefühl, etwas schuldig zu sein, ist ein starker Beweggrund, und manche Men-

Streß- und Prioritätenliste

Machen Sie eine Liste all Ihrer Tätigkeiten: Beruf, Hobby, Sport, andere Verpflichtungen wie Bürgerinitiativen, Parteien, andere freiwillige Betätigungen etc.

Unterziehen Sie diese Tätigkeiten einer kritischen Prüfung, und bewerten Sie die Prioritäten für Sie persönlich von 1–10 (P)

Prüfen Sie dann, wie wichtig jede dieser Tätigkeiten für andere Menschen in Ihrem Leben ist. Danach bewerten Sie diese *familiären* Prioritäten wieder von 1–10 (F)

Entscheiden Sie jetzt noch, wieviel Streß jede der Tätigkeiten für Sie bedeutet, und bemessen Sie das wieder von 1–10 (S)

Wenn Sie zum Beispiel in einem Elternbeirat sind, kann das die persönliche Priorität 1, die familiäre 7 und die Streßziffer 10 haben. Ihr wöchentliches Tennismatch hingegen kann die persönliche Priorität 10, die familiäre Benotung 1 und die Streßziffer 0 tragen.

Schauen Sie sich Ihre Liste dann kritisch an. Zählen Sie bei jeder Tätigkeit die beiden persönlichen und familiären Benotungen zusammen: P + F Wenn die Summe niedriger liegt als Ihre Streßbewertung, dann schadet diese Tätigkeit Ihnen und Ihrer Familie mehr, als gut ist: Stellen Sie sie zurück. Wenn die Summe P + F aber höher liegt als der Wert Streß, dann sollten Sie dieser Beschäftigung eine höhere Priorität in Ihrem Leben einräumen: Sie ist gut für Sie und die Ihren.

schen lassen ihr Leben ganz davon bestimmen, was andere von ihnen denken. Das sollten Sie nicht tun, sondern ein wenig mehr an sich selbst und Ihre Prioritäten denken. Versuchen Sie es, und halten Sie sich vor Augen, daß Ihre Gesundheit ebenso wie die Ihnen wirklich wichtigen Menschen und Dinge darunter leiden, wenn Sie sich zu hart antreiben.

Haben Sie den Mut, ein bißchen selbstsüchtig zu sein und Ihren eigenen Neigungen zu folgen: Es ist Ihr Leben.

Prioritäten sind wichtig

Das Unvermögen, zwischen den wirklich wichtigen Dingen im Leben und den weniger bedeutsamen zu unterscheiden, kann zu einem Übermaß an Streß und ernstlichen Gesundheitsproblemen führen. Zwänge und Bedrückungen jeder Art können sich nachteilig auf Körper und Gemüt auswirken, und die kleinen Probleme und bedeutungslosen Kümmernisse können genauso verheerend sein für Ihre Gesundheit wie die großen. Wenn Sie nicht lernen, zwischen beiden zu unterscheiden, fallen Sie beiden zum Opfer.

Die Menge der Probleme wird wachsen und wachsen. Wenn Sie zulassen, daß Ihnen ein Kratzer am Wagen genausoviel Kummer bereitet wie eine dumme Bemerkung Ihres Chefs, dann summiert sich das mit den anderen, den echten Sorgen. Solange Sie nicht eine bewußte Entscheidung treffen, die großen Probleme von den kleinen zu trennen, werden beide Sie plagen. Sie verschwenden wertvolle Zeit auf Nichtigkeiten, anstatt sich auf das Wichtige in Ihrem Leben zu konzentrieren.

Ihre Gesundheit, die Ihrer Lieben und das Gelingen dessen, was Ihnen wichtig ist: Das sind die Dinge im Leben, die Ihre ungeteilte Aufmerksamkeit verdienen.

Tips zum Überleben

1. Wann immer Sie ein Problem haben: Betrachten Sie es im richtigen Verhältnis. Ist ein verschwundener Strumpf so wichtig? Führt eine Zugverspätung direkt in den persönlichen Ruin? Bedeutet eine undichte Waschmaschine das Ende der Welt?

2. Planen Sie Ihr Leben, und tragen Sie Ihre Ziele, Absichten und Prioritäten in einen »Lebensplan« ein. Die Perspektive ist wichtig: Was wollen Sie in fünf, in zehn oder fünfzehn Jahren erreicht haben? Wie wollen Sie Ihren Lebensabend verbringen? Welchen der Dinge, um die Sie sich jeden Tag sorgen, würden Sie noch Ihre Aufmerksamkeit widmen, wenn dies Ihr letzter wäre? Wie wichtig wird Ihnen dies oder jenes noch in sechs Monaten oder fünf Jahren vorkommen?

3. Entscheiden Sie, wie Sie Ihre Ziele am besten erreichen können, und gehen Sie dann die Probleme nacheinander an. Wenn Sie sich um alles auf einmal kümmern, erreichen Sie gar nichts. Seien Sie realistisch – dann erreichen Sie mehr, als Sie je zu hoffen wagten.

4. Lassen Sie sich nicht verleiten, Zeit, Energie und Geld auf Dinge zu vergeuden, die Ihnen nicht wirklich wichtig sind. Wenn Ihr Wagen eine Nummer zu groß ist, nur damit Sie irgendwelchen Leuten imponieren, dann bezahlen Sie das mit Überstunden und Nachtarbeit. Wenn Sie zum Statusbeweis einen Swimmingpool in den Garten gesetzt haben, werden Sie Ihre schönen Sommerabende mit dem Herausfischen von Blättern und Schnecken und dem Ansturm reizender Nachbarskinder verbringen. Wenn Sie sich ein Wochenendhäuschen zulegen, weil jeder eines hat, dürfen Sie sich regelmäßig über tropfende Dachrinnen, verstopfte Abflüsse und den überwucherten Garten ärgern. Gegen diesen unnötigen Streß können Sie sich schützen, indem Sie sich von Anfang an über Ihre Prioritäten klarwerden.

5. Setzen Sie sich keine unrealistischen Ziele, Sie steigern damit nur Ihren Streß. Bewahren Sie Ihre großen Träume, aber erwarten Sie keine Wunder. Wenn Sie zuviel zu schnell von sich erwarten, werden Sie dauernd enttäuscht sein.

6. Fragen Sie sich stets, ob Sie etwas nur tun, um Leuten zu gefallen – die eigentlich nichts mit Ihnen zu tun haben. Ihr Leben soll auf Ihren Bedürfnissen und Wünschen aufgebaut sein und für Menschen, die Sie lieben.

KAPITEL FÜNF

Wie sehr belastet Streß Ihr Leben?

Viele Ärzte teilen heute die Einschätzung, daß neun von zehn Symptomen und neun von zehn Krankheiten durch Streß entweder direkt verursacht oder erheblich schlimmer werden. Die Auswirkungen von Streß sind gewaltig und gesundheitsschädlich; der toxische Streß ist in allen modernen Gesellschaften verbreitet und hat eine unglaubliche Zerstörungskraft.

Wie persönlicher Streß kann auch der toxische Streß eine ganze Fülle individueller Symptome und klar umrissener Krankheitsbilder auslösen. Kopfschmerzen, Hautausschläge und Darmstörungen, Asthma, Bluthochdruck, Herzleiden und Magengeschwüre, Depression, Dermatose und Sexualprobleme, Schlaflosigkeit, Haarausfall und Rückenschmerzen. Er kann vorhandene Leiden verschlimmern und die Anfälligkeit für Infektionskrankheiten, psychische Störungen und Krebs erhöhen.

Bisweilen verursacht Streß auch einen Erschöpfungszustand, der als *Burn-out* oder Prozeßpsychose bekannt ist. Dieses »ausgebrannt« beinhaltet mehr als nur Müdigkeit.

Die Auswirkungen von Streß sind gewaltig und gesundheitsschädlich; der toxische Streß ist in allen modernen Gesellschaften verbreitet und hat eine unglaubliche Zerstörungskraft.

Die darunter leiden, verlieren die Kampfeslust und den Willen, weiterzumachen. Sie quälen sich durch den Tag, ohne zu wissen, warum und wozu. Meine Untersuchungen über 20 Jahre haben mich zu der Überzeugung gebracht, daß toxischer Streß noch für etwas ganz anderes verantwortlich ist – ein spezifisches, bisher vollkommen unbekanntes Krankheitsbild. Ich habe es *Twentieth Century Blues* genannt.

In den hochentwickelten Gesellschaften unseres Jahrhunderts ist der *Twentieth Century Blues* eine der häufigsten Krankheiten, so verbreitet wie eine gemeine Erkältung und sehr schädlich. Wir alle sind für diese quälende und lähmende Störung anfällig. Hausfrauen, Studenten, Krankenschwestern – sie alle sind potentielle Opfer. Der pensionierte Bankdirektor ist genauso bedroht wie der Banklehrling und die Verkäuferin ebenso wie der Kaufhausmanager.

Der einzige gemeinsame Faktor: Die Opfer des *Twentieth Century Blues* sind von ihrer Anlage her sensible Menschen, die sich auch um andere kümmern. Je nachdenklicher Sie sind, desto eher leiden Sie unter dieser resignativen Bedrückung. Doch selbst gleichgültige Menschen sind nicht immun gegen toxischen Streß. Ich glaube, daß die Gewalttätigkeit in unserer Zeit zu einem großen Teil auf toxischen Streß zurückzuführen ist. Sensible, intelligente Menschen reagieren darauf unglücklich und bestürzt; die unsensiblen und weniger intelligenten antworten mit Wut, Aggressivität und Gewalttätigkeit. Die tiefe Frustration kann den einen in Resignation und Vereinsammung treiben; dieselbe Frustration einen anderen zum gefährlichen Soziopathen werden lassen.

Wenn toxischer Streß und *Twentieth Century Blues* so verbreitet sind: Warum hat die Medizin das nicht schon früher erkannt? Ärzte schauen nach den physischen Ursachen und physischen Therapien von Krankheiten. Seit den Anfängen der modernen Medizin, Mitte des 19. Jahrhunderts, haben sie nach anatomischen, physiologischen und biochemischen Erklärungen für unsere Gesundheitsprobleme gesucht. Sie haben Jahre gebraucht, um einzugestehen, daß auch psychische Belastungen Krankheiten auslösen – und die große Bedeutung von Streß nimmt die Ärzteschaft erst seit kurzem richtig zur Kenntnis.

Es ist kein Zufall, daß Mediziner dafür ausgebildet werden, Krankheiten durch Pillen und andere praxisbezogene Methoden zu heilen. Sie bestreiten ihren Lebensunterhalt durch praktische Dienstleistungen, und die Verbindungen zwischen dem ärztlichen Berufsstand und der mächtigen chemischen Industrie sind sehr eng.

Es ist traurig, aber wahr: Ärzte haben die Existenz von toxischem Streß und *Twentieth Century Blues* zwar nicht zur Kenntnis genommen, die Symptome aber schon seit Jahren behandelt: mit Tranquilizern und Schlaftabletten, die die Dinge oft noch schlimmer machen. Beruhigungsmittel, das zeige ich im nächsten Kapitel, lösen keine der Angstreaktionen aus toxischem Streß und heilen nicht eines der *Twentieth-Century-Blues*-Probleme. Im Gegenteil. Sie sind häufig suchterzeugend, kurieren Symptome statt Ursachen und haben Nebenwirkungen: Deshalb schaffen sie viele neue Probleme.

Tatsache ist schlicht: Mit medizinischer Behandlung kann man weder toxischem Streß noch *Twentieth Century Blues* begegnen, weil beide keine eigentlich *medizinischen* Probleme sind. Toxischer Streß ist eine schleichende Krankheit, ein die Seele zerrüttendes Leiden, das die innere moralische Verfassung angreift. »Angst essen Seele auf« – dagegen kann die pharmazeutische Industrie nichts ausrichten. *Twentieth Century Blues* ist mehr eine Krankheit der Seele als des Geistes, eine seelische Verstörung und keine körperliche Störung. Es gibt da kein chemisches oder biochemisches Defizit, und darum gibt es unverkennbar auch keine *medizinische* Kur für diese innere Verfassung.

Toxischen Streß kann man nicht wie ein medizinisches Problem behandeln und *Twentieth Century Blues* nicht mit konventionellen Methoden heilen. Toxischer Streß schlägt sich seelisch nieder, und das Blues-Syndrom zerrüttet die innere Kondition: Die Antwort darauf liegt außerhalb traditioneller Medizinbegriffe.

Wenn Sie sich nun mit den Fragen auf Seite 50 beschäftigen, können Sie herausfinden, in welchem Maß Streß Ihre Gesundheit und Ihr Leben beeinflußt – und ob auch Sie unter dem *Twentieth Century Blues* leiden.

Nach Beantwortung des Fragenkatalogs sollten Sie einen Streß-Testbogen anlegen. Tragen Sie Ihre Punktezahl ein, setzen Sie die Prüfung wöchentlich fort. Nach wenigen Monaten zeigt Ihnen der Bogen, wie erfolgreich Sie bei dem Bemühen um Streßkontrolle waren.

Das Schlimmste wäre . . .

Die Furcht vor dem Unbekannten ist ein bedrückender, irritierender, mitunter lähmender Faktor. Die Angst vor dem, was passieren *könnte*, hält uns von vielem ab, was eigentlich Spaß macht oder eine Bereicherung wäre. Wir können diese Angst überwinden, wenn wir unsere Vorstellungskraft benutzen: Was könnte denn das Schlimmste sein? Es ist merkwürdig – aber gewöhnlich ist es weit weniger schlimm, als wir fürchten!

Ein Musterfall

Kate stand wegen ihres Jobs unter ständiger Nervenanspannung. Sie mochte weder ihre Arbeit noch den Mann, für den sie arbeitete. Doch sie blieb in der Firma, weil sie schon 15 Jahre dort war – und aus Angst vor dem, was sonst passieren könnte. Sie lebte mit ihrer alten Mutter, die angewiesen war auf sie. Kate hatte das sichere Gefühl, ihren Boß mehr zu brauchen als er sie. Sie lebte in ständiger Angst und wagte nie einen Widerspruch, wenn er unbezahlte Mehrarbeit verlangte.

Eines Tages setzte sie sich hin und dachte nach: Was passiert, wenn ich meinen Job verliere. Je mehr sie nachdachte, desto deutlicher wurde ihr: Das Unbekannte war nicht halb so erschreckend wie ihre Angst. Ihr wurde klar, daß sie eigentlich eine Menge Fähigkeiten besaß. Sie schlug die Stellenangebote in der Zeitung auf und war erstaunt, wie viele Firmen nach Leuten wie ihr suchten.

Kate war auf ihr Grundproblem gestoßen und stellte fest, daß es weit geringer war als ihre Angst davor. Sie bewarb sich um einen anderen, besser bezahlten und interessanteren Job. Sie bekam ihn und reichte ihre Kündigung ein.

Mit einemmal realisierte ihr Chef, wie sehr er sie brauchte: Er bot ihr ein höheres Gehalt an, mehr Urlaubstage und einen jährlichen Bonus. Doch Kate war nicht mehr interessiert und begriff endlich: Er brauchte sie viel dringender als sie ihn.

Wenn Sie derartige Ängste plagen: Stellen Sie sich ihnen. Versuchen Sie, zu eruieren, was *das Schlimmste* sein könnte. Machen Sie sich das Grundproblem klar. Es ist selten so schlimm, wie Sie es sich ausmalen.

Sich richtig Sorgen machen

Machen Sie sich wegen jeder Kleinigkeit Sorgen? Dann können Sie sich helfen, indem Sie das ernster betreiben – und mehr Zeit dafür einplanen. Menschen, die sich für ihre Sorgen Zeit nehmen, leiden weniger darunter als jene, die sie verdrängen; und am meisten leiden diejenigen, die sich häppchenweise immer von neuem Sorgen machen.

1. Würden Sie sich als einen solchen Typ bezeichnen?
2. Regen Sie sich über Nichtigkeiten auf?
3. Tauchen vor Ihnen immer neue Sorgen auf?
4. Hindern Ihre Sorgen Sie beim Einschlafen?
5. Finden Sie kaum noch Gelegenheit, Ihre Sorgen zu Ende zu denken?

Wenn Ihre Antwort auch nur einmal Ja lautet, sollten Sie täglich 30 Minuten Zeit für Ihre Sorgen einplanen: Sie sparen sich damit einen Haufen Mühe.

Das Entsorgungsprogramm

○ Nehmen Sie einen Stift und Papier zur Hand, und notieren Sie nacheinander alle Kümmernisse, die Ihnen einfallen. Wenn ein Problem nicht so brennend ist, schreiben Sie es für Ihre 30-Minuten-Sorgen-Sitzung auf ein Extrablatt.

○ Sobald Sie die 30 Minuten frei haben für Ihre Sorgen-Sitzung, hängen Sie das Telefon aus und ziehen sich an ein ruhiges Plätzchen zurück.

○ Konzentrieren Sie sich ganz auf jeden einzelnen Punkt Ihrer Liste. Versuchen Sie, jedes Problem aus neuen Blickwinkeln zu sehen. Vor allem aus dem der anderen Betroffenen.

○ Wenn Sie eine Lösung haben – aufschreiben.

○ Ordnen Sie dann die Sorgen nach ihrer Bedeutung.

○ Gehen Sie diese Reihenfolge durch, und fragen Sie sich jedesmal: Was könnte schlimmstenfalls passieren?

Die meisten der Sorgen, die uns aufregen und unter Druck setzen, können ziemlich rasch zu Ende gedacht werden, wenn man sich nur die Zeit dafür nimmt. Konzentrieren Sie sich auf jede einzelne Frage, dann können Sie sie auch in die richtige Dimension rücken. Sie werden überrascht sein, wie viele Antworten Sie finden und wie viele Probleme sich einfach auflösen, wenn man sie nur richtig zu Ende denkt.

Sind Sie ausgebrannt? Leiden Sie unter Twentieth Century Blues?

1. Sind Sie reizbar und überempfindlich?

niemals	0
gelegentlich	1
öfter	2
häufig	3
ständig	4

2. Finden Sie Ihr Leben langweilig?

niemals	0
gelegentlich	1
öfter	2
häufig	3
ständig	4

3. Halten Sie sich für unentbehrlich?

nein	0
ja	3

4. Möchten Sie einfach davonlaufen?

niemals	0
gelegentlich	2
öfter	4
häufig	6
ständig	8

5. Fühlen Sie sich immer gehetzt – keine Zeit für das, was man tun müßte, ohne Zeit für das, was man gerne täte?

nein	0
ja	6

6. Haben Sie oft das Gefühl, mehr mit Ihrem Leben anfangen zu müssen?

nein	0
ja	6

7. Sind Sie unzufrieden mit Ihrem Leben und wissen nicht warum?

nein	0
ja	6

8. Hat Ihr Interesse an Sex nachgelassen?

nein	0
manchmal	1
öfter	2
meist	3
völlig	4

9. Fühlen Sie sich unerklärlich unwohl – als hätten Sie eine Krankheit?

nein	0
manchmal	2
öfter	4
häufig	6
ständig	8

10. Haben Sie eines der Symptome oder Leiden von Seite 20?

jedes zählt	1

11. Machen Sie sich sinnlos Sorgen um unbedeutende Dinge und wissen, daß sie gar nicht zählen?

nein	0
manchmal	2
öfter	4
häufig	6
ständig	8

12. Um durch den Tag zu kommen brauchen Sie:

Alkohol	2
Tabak	2
Kaffee	2
Tranquilizer	2
Schlaftabletten	2
Medikamente	2
Drogen	2

13. Fällt es Ihnen schwer, Interesse an Ihrer Arbeit zu finden?

nein	0
manchmal	2
öfter	4
häufig	6
ständig	8

14. Fällt es Ihnen schwer, sich noch für Ihre Hobbys von einst zu interessieren?

nein	0
gelegentlich	2
öfter	4
häufig	6
ständig	8

15. Leiden Sie unter Symptomen oder Beschwerden, für die es keine befriedigende Behandlung zu geben scheint?

nein	0
ja	6

16. Ziehen sich Ihre Symptome oder Krankheiten scheinbar endlos hin?

nein	0
ja	6

17. Fühlen Sie sich auch dann nervös oder bedrückt, wenn Sie wissen, daß es gar keinen Grund dafür gibt?

nein	0
gelegentlich	2
öfter	4
häufig	6
ständig	8

18. Ist Ihnen häufig seltsam zumute, und fühlen Sie sich unerklärlich allein?

nein	0
ja	6

19. Erleben Sie ganze Tage ohne Sinn und Freude?

nein	0
ja	4

20. Sind Sie häufig verzweifelt über die Zukunft der Welt?

nein	0
ja	4

21. Möchten Sie ewig leben?

ja	0
nein	6

22. Fällt es Ihnen schwer, zu entspannen?

nein	0
ja	6

23. Haben Sie morgens Anlaufschwierigkeiten?

nein	0
ja	4

24. Werden Sie ohne rechten Grund traurig?

nein	0
manchmal	1
öfter	2
häufig	3
ständig	4

25. Machen Sie sich Sorgen um Ihre Gesundheit?

nein	0
manchmal	1
öfter	2
häufig	3
ständig	4

26. Haben Sie Träume oder Hoffnungen für die Zukunft?

ja	0
nein	4

27. Haben Sie Schwierigkeiten zu erklären, wie Sie über die Dinge denken?

nein	0
ja	4

28. Geraten Sie bei Fehlschlägen leicht aus der Fassung?

nein	0
ja	4

29. Fühlen Sie sich oft so frustriert, daß Sie laut schreien möchten?

nein	0
manchmal	1
öfter	2
häufig	3
ständig	4

Was Ihre Punktezahl bedeutet, sehen Sie auf der nächsten Seite.

0–5 Punkte
Sie leiden kaum unter Streß. Doch gehen Sie zum Arzt, wenn Sie irgendwelche Symptome oder Angstgefühle wahrnehmen.

6–99 Punkte
Sie leiden unter einem frühen *Burnout*. Unternehmen Sie sofort etwas, um Ihre Streßgefährdung zu begrenzen und mit Streßsituationen besser fertig zu werden. Sprechen Sie mit Ihrem Arzt, und lesen Sie dieses Buch sorgfältig.

Über 100 Punkte
Sie leiden unter *Twentieth Century Blues*. Sprechen Sie umgehend mit Ihrem Arzt, und beherzigen Sie die Ratschläge dieses Buches. Unternehmen Sie jede Anstrengung, Ihre mentale Kraft zu stärken und unnötigen Streß zu vermeiden.

Streß-Test-Bogen
Tragen Sie in regelmäßigen Abständen Ihre Punktezahl ein.

Tips gegen den Twentieth Century Blues

Sie brauchen nicht zu verzweifeln, wenn Sie unter dem *Twentieth Century Blues* leiden. Sie können eine Menge tun, um Ihre Gefühlslage zu ändern. Da es sich im Grunde um eine Erkrankung des Geistes handelt, müssen Sie einige lang geübte Haltungen ändern und eine neue Einstellung zu sich selbst und Ihrer Umwelt finden.

○ Lassen Sie sich nicht von törichten Wertvorstellungen unserer Gesellschaft einfangen. Viele Leute tun und kaufen Dinge nur, weil sie damit andere beeindrucken wollen, die sie nicht einmal kennen. Wenn Sie sich dabei ertappen, etwas zu kaufen, was Sie gar nicht brauchen: Fragen Sie sich, wem Sie damit imponieren wollen – und ob das für Sie wirklich von Bedeutung ist.

○ Teilen Sie Ihre Gefühle mit den Menschen um Sie her. Wenn Sie jemanden gern haben – sagen Sie es. Wenn Sie verärgert sind – sagen Sie es. Wir leben im Zeitalter der *Kommunikation*, aber zu wenige kommunizieren wirklich miteinander. Lernen Sie Zuzuhören, und Sie lernen eine Menge.

○ Lernen Sie vor allem sich selbst kennen: Ihre Stärken und Schwächen, Wünsche und Bedürfnisse, Neigungen und Abneigungen. Fragen Sie sich, wie andere Sie sehen. Je mehr Sie über sich wissen, desto stärker werden Sie.

○ Wenn Sie irgendwelche schrecklichen Ängste verfolgen – stellen Sie sich. Gehen Sie der Sache auf den Grund, und finden Sie heraus, was das Schlimmste wäre. Sie werden überrascht sein, es ist fast nie so schlimm, wie Sie vermuteten.

○ Geben Sie Ihrem Leben Zweck und Ziel, dann gewinnen Sie an Hoffung und Zuversicht. Ihr Leben braucht seinen Sinn – so sehr wie Essen, Trinken und Sauerstoff. Sie müssen sich fordern, Ihre Chancen wahrnehmen und wissen, daß Ihr Leben lebenswert ist.

Messen Sie Ihre Streßbelastung

Die Antwort auf diese Fragen zeigt, wie groß der Streß in Ihrem Leben gerade ist. Wenn Sie zwei Fragen aus demselben Grund bejahen, müssen Sie zweimal punkten: So können Sie im letzten Vierteljahr Ärger mit der Polizei gehabt haben und deshalb zum Anwalt gegangen sein (Frage 7 und 8).

1. Haben Sie sich gebunden oder verheiratet in den letzten
a) 6 Monaten 4 Punkte
b) 12 Monaten 3 Punkte
c) 18 Monaten 2 Punkte
d) 24 Monaten 1 Punkt

2. Ist eine ernste Beziehung zerbrochen in den letzten
a) 6 Monaten 4 Punkte
b) 12 Monaten 3 Punkte
c) 18 Monaten 2 Punkte
d) 24 Monaten 1 Punkt

3. Ist jemand gestorben, der Ihnen nahestand in den letzten
a) 6 Monaten 4 Punkte
b) 12 Monaten 3 Punkte
c) 18 Monaten 2 Punkte
d) 24 Monaten 1 Punkt

4. Haben Sie die Wohnung gewechselt oder ein Haus gebaut in den letzten
a) 6 Monaten 4 Punkte
b) 12 Monaten 3 Punkte
c) 18 Monaten 2 Punkte
d) 24 Monaten 1 Punkt

5. Haben Sie einen Rechtsanwalt gebraucht in den letzten
a) 3 Monaten 4 Punkte
b) 6 Monaten 3 Punkte
c) 9 Monaten 2 Punkte
d) 12 Monaten 1 Punkt

6. Hatten Sie Ärger mit der Polizei in den letzten
a) 6 Monaten 4 Punkte
b) 12 Monaten 3 Punkte
c) 18 Monaten 2 Punkte
d) 24 Monaten 1 Punkt

7. Waren Sie ernstlich krank in den letzten
a) 6 Monaten 4 Punkte
b) 12 Monaten 3 Punkte
c) 18 Monaten 2 Punkte
d) 24 Monaten 1 Punkt

8. Mußten Sie sich klinischen Untersuchungen unterziehen in den letzten
a) 3 Monaten 4 Punkte
b) 6 Monaten 3 Punkte
c) 9 Monaten 2 Punkte
d) 12 Monaten 1 Punkt

9. Haben Sie Ihre Stellung verloren oder gewechselt in den letzten
a) 6 Monaten 4 Punkte
b) 12 Monaten 3 Punkte
c) 18 Monaten 2 Punkte
d) 24 Monaten 1 Punkt

10. Haben Sie eine große Geldsumme geerbt oder verloren in den letzten
a) 3 Monaten 4 Punkte
b) 6 Monaten 3 Punkte
c) 9 Monaten 2 Punkte
d) 12 Monaten 1 Punkt

Wenn Sie 10 Punkte und mehr zählen, stehen Sie gegenwärtig mächtig unter Streß. Richten Sie Ihr Leben so ein, daß Sie ihm weniger ausgesetzt sind und Ihre Abwehr aufbauen können.

KAPITEL SECHS

Warum Drogen keine Lösung sind

Das größte Suchtproblem unserer Tage schließt ordnungsgemäß verschriebene Medikamente ein: Tranquilizer und Schlaftabletten vom Typ Benzodiazepine, die weithin und über lange Perioden Männern, Frauen und Kindern verordnet werden, die unter Streß und streßabhängigen Symptomen leiden.

Man möchte es kaum glauben, aber ich habe schon 1973 über die Gefahren dieser Tablettensucht geschrieben. Erst nach Hunderten von Artikeln und Sendungen veranlaßte meine Kampagne die Politiker zum Handeln. 1988, also fünfzehn Jahre später, wurden die Ärzte davor gewarnt, Benzodiazepine über längere Zeit anzuwenden.

Das größte Suchtproblem unserer Tage schließt ordnungsgemäß verschriebene Medikamente ein: Tranquilizer und Schlaftabletten vom Typ Benzodiazepine.

Aber nicht alle Ärzte lesen solche Warnungen, und nicht alle Regierungen sind dem britischen Beispiel gefolgt. Zehntausende von Ärzten raten bei Streß noch immer Millionen Patienten zu Tranquilizern und Schlaftabletten. Diese Medikamente können jede Menge Probleme auslösen, wenn sie länger als zwei Wochen eingenommen werden, und der langfristige Gebrauch kann äußerst schwerwiegende Folgen haben. Deshalb müssen Patienten Benzodiazepine nach ein bis zwei Wochen langsam absetzen, wenn sie Entzugserscheinungen vermeiden wollen.

Es gibt Dutzende verschiedener Medikamente in dieser Gruppe. Doch die bekanntesten und am häufigsten verschriebenen Benzodiazepine, Tranquilizer und Schlaftabletten, enthalten Temazepam, Nitrazepam, Diazepam, Lorazepam, Flurazepam, Chlordiazepam, Triazolam, Oxazepam, Lormetazepam. Wenn Sie nur den leisesten Verdacht haben, daß diese Substanzen in Ihrem Medikament enthalten sind, sollten Sie mit einem Arzt darüber sprechen.

Der Hersteller eines bekannten Benzodiazepin-Präparats warnt so vor Nebenwirkungen seines Medikaments:

- Folgeerscheinungen wie Angstgefühle, Depression, Kopfschmerzen, Schlaflosigkeit, Spannungszustände und Schweißausbrüche sind bei abruptem Abbruch der Medikamentation beobachtet worden. Außerdem wird von Symptomen wie Ohrensausen, Verwirrtheit, Zuckungen, Muskelkrämpfen, Bauchkrämpfen und Brechreiz berichtet.
- Nach der Einnahme können Schwindelgefühle und Schläfrigkeit auftreten; vor Autofahrten oder der Bedienung von Maschinen wird gewarnt.
- Älteren Patienten sollten geringere Dosen verabreicht werden, sie könnten sensibler reagieren.
- Bei Vorliegen einer Depression können Benzodiazepine Selbstmordimpulse auslösen.
- Zu den Verhaltensauswirkungen des Medikaments zählen Erregtheit, aggressive Ausbrüche und Verwirrung; es kann zu Gedächtnisverlust kommen.
- Weitere Nebenwirkungen: Katerstimmung, Kopfschmerz beim Erwachen, Benommenheit, Gesichtstrübungen, Übelkeit, Depression, Appetitschwankungen, Schlafstörungen, Sehstörungen, niedriger Blutdruck, Darmstörungen und Hautausschläge.

Viele Jahre hindurch habe ich immer wieder davor gewarnt, daß Medikamente der Benzodiazepin-Gruppe im Übermaß verschrieben werden und enorme Probleme bereiten können. Bei vielen Gelegenheiten habe ich auch auf die Warnung von Suchtexperten hingewiesen, daß es häufig viel schwieriger ist, solche Patienten von ihrer Tablette abzubringen als »echte« Suchtabhängige von Drogen wie Heroin. Obwohl einige Ärzte das Problem inzwischen erkannt haben, gibt es noch immer Doctores, die das Benzodiazepin-Problem nicht begreifen. Wenn Sie einem Arzt begegnen, der Ihnen erzählt, Benzodiazepine verursachten keine Probleme, seien frei von Suchtgefahr und jederzeit absetzbar – dann habe ich nur einen Rat: Wechseln Sie den Arzt.

Hier einige Fakten über Tranquilizer, die einige Ärzte noch immer nicht zu wissen scheinen. Denken Sie darüber nach.

1. Kurz nach der Einführung von Chlordiazepoxid (dem ersten verbreiteten Benzodiazepin-Präparat) in die klinische Praxis veröffentlichten 1961 drei kalifornische Ärzte aus ihrem Hospital einen Bericht über »Entziehung – Reaktionen auf Chlordiazepoxid«. Die Autoren beschrieben die Reaktionen von elf Patienten nach Absetzung des Medikaments, das sie bis zu sechs Monate in ziemlich hoher Dosierung eingenommen hatten. Bei zehn von ihnen tauchten neue Symptome oder Entzugserscheinungen auf. Sechs wurden depressiv, fünf hochgradig erregt und schlaflos, bei zweien traten bedenkliche Anfälle auf.

2. Als Zeuge eines amerikanischen Senatsausschusses für Gesundheitswesen sagte ein Psychiater 1979 aus, Patienten könnten schon binnen sechs Wochen auf Diazepam süchtig werden. Dem Ausschuß wurde auch bezeugt, daß man sich von Tranquilizern schwerer lösen könne als von Heroin.

3. Drei Ärzte vom Drogenzentrum Philadelphia an der Universität von Pennsylvania veröffentlichten 1975 im *International Journal of Addictions* einen Artikel über »Mißbrauch und mißbräuchliche Anwendung von Diazepam: Ein wachsendes medizinisches Problem«. Die Autoren dokumentierten Fälle von Medikamentensucht bei Chlordiazepoxiden und Diazepam seit 1970 und berichteten von steigendem Mißbrauch bei Diazepam seit 1972. Ihr Schluß: »Alle Ärzte sollten wissen, daß es die Diazepam-Sucht gibt. Verordnung, Lieferung und Lagerung dieses Medikaments verlangen höchste Sorgfalt.«

4. Im *American Journal of Psychiatry* erschien 1972 die Arbeit zweier Ärzte, die von einem ganzen Bündel von Symptomen wie Angstgefühlen, Schlaflosigkeit und Depressionen berichteten, welche Patienten auf Diazepam entwickelt hatten. Zuvor waren sie emotional stabil gewesen, die schweren Symptome verschwanden, als man die Medikamentation absetzte.

5. Das *Journal of the American Medical Association* schilderte 1968 acht Fälle von Diazepam-Behandlung. Die Patienten reagierten so depressiv, daß sieben Selbstmordgedanken entwickelten und zwei Selbstmordversuche begingen.

6. Mehrere Berichte wiesen in den 60er und 70er Jahren darauf hin, daß Benzodiazepine Feindseligkeit, Aggressivität und Reizbarkeit zu steigern schienen. Sie wurden auch mit Kindesmißhandlungen in Zusammenhang gebracht.

7. In einer Veröffentlichung von 1979 stellten die Verfasser einen »sehr signifikanten Zusammenhang zwischen der Einnahme leichter Tranquilizer und dem Risiko schwerer Verkehrsunfälle« fest. Durch die Einnahme von Benzodiazepinen wachse die Gefahr schwerer Unfälle auf das Fünffache. Inzwischen gehen viele Ärzte davon aus, daß dadurch Tausende von Unfällen verursacht wurden.

8. Nach der Behauptung, Benzodiazepine hätten etwas mit der Entwicklung von Krebs zu tun, wurde ein Mediziner »aus seiner Forschungsstelle gedrängt«.

9. Im Jahr 1982 gab das *Committee on Safety of Medicines* Ärzten den Rat, Benzodiazepine nur für kurze Frist zu verordnen und Entziehungserscheinungen durch allmähliche Absetzung vorzubeugen.

10. In den frühen 70er Jahren wurde im Krankenhaus von Newcastle-upon-Tyne eine 75jährige Frau eingeliefert: Sie konnte den Stuhl nicht halten. Ein Jahr lang hatte sie Benzodiazepine als Schlafmittel genommen. Als man sie absetzte, erholte sie sich physisch binnen drei Tagen.

Jeder Arzt, der seine medizinischen Zeitschriften liest, müßte seit Jahren wissen, daß Benzodiazepine Probleme verursachen. Doch noch immer werden derartige Präparate haufenweise verschrieben.

»Das größte Suchtproblem der Welt sind nicht haschende Teenager, sondern die Menschen in mittleren Jahren mit ihren Beruhigungsmitteln. Der Tranquilizer ersetzt die Zigaretten. Das wird uns noch sehr große Probleme bereiten, die sich als weitaus gefährlicher herausstellen können. Schon heute nehmen 14 von 100 Menschen in England Valium.«

»Die Abhängigkeit schleicht sich ganz unauffällig ein. Der Patient hat bestimmt eine gute Erklärung für ein paar Tabletten. Ein Freund ist gestorben, die Arbeit bricht über ihm zusammen – und der Doktor hat es schwer, die Bitte um ein bißchen Hilfe abzuschlagen.«

Zitiert nach The Medicine Man *von Dr. Vernon Coleman, 1975.*

Die Opfer

Während meiner Kampagne für eine wirksamere Kontrolle und zurückhaltendere Verordnung dieser Suchtmittel durch die Ärzte habe ich viele Zehntausende Briefe von Tranquilizer-Abhängigen aus aller Welt erhalten. Allein in einem Monat waren es über 6000. Diese Briefe haben mich erschüttert und zugleich entrüstet und wütend gemacht; ich fühlte mich entmutigt und hilflos, zugleich aber auch in meinem Entschluß bestärkt, meine Kampagne fortzusetzen.

Einige dieser Briefe möchte ich zitieren. Nach meiner Erfahrung glauben diese Patienten, daß nur sie allein darunter leiden und meinen, selbst an ihren Problemen schuld zu sein. Schon zu wissen, daß so viele andere dasselbe erlitten und erleiden, scheint ihnen zu helfen.

»Als ich meinem Doktor sagte, ich glaubte, süchtig zu sein, war seine Erwiderung: Ich solle nicht so töricht sein und einfach aufhören, wenn es mich so sehr beunruhigte.«

»Ich kann nicht aufhören. Mein Mann versteht das nicht, und ich verstecke die Tabletten in der Handtasche, denn wenn er mich ertappt, nennt er mich drogensüchtig.«

»Ich litt unter Streß, als ich zum Doktor ging, und jetzt bin ich süchtig. Früher war ich ein fröhlicher und geselliger Mensch, aber jetzt ist mein Leben zerstört.«

»Ich habe oft genug versucht, davon loszukommen. Die furchtbaren Schmerzen und schrecklichen Gefühle sind die Hölle auf Erden.«

»Mein Problem begann vor fünf Jahren mit Wochenbettdepressionen. Am Anfang waren die Pillen toll. Die Schwierigkeiten fingen an, als ich sie absetzen wollte und merkte, daß es nicht ging. Ich schwöre bei Gott: Nie im Leben habe ich mich so in Panik gefühlt. Ich wollte mir das Leben nehmen, aber ich brachte es nicht fertig.«

Wie kam es zur Verbreitung der Benzodiazepine?

Während der 50er und 60er Jahre fanden sich die Hausärzte mit der Erwartung konfrontiert, mentale und psychische Probleme ebenso behandeln zu sollen wie physische. Es war völlig neu, daß Patienten auch bei sozialen und persönlichen Problemen Trost, Ermutigung und Hilfe suchten. Je bekannter der Zusammenhang von Streß und Krankheit wurde, desto mehr Patienten stellten sich auch zur Streßbehandlung ein. Da war nur ein Problem: Die Ärzte waren für diese Fälle nicht ausgebildet worden. Sie hatten über Tropenkrankheiten mehr gelernt als über Ängste oder Depressionen. Und darum griffen sie dankbar zu den Benzodiazepinen als wirkungsvolle Mittel zur Behandlung von Angstgefühlen und streßabhängigen Störungen.

Sind Sie medikamentensüchtig?

Prüfen Sie anhand der folgenden Fragen, ob Sie von Tranquilizern oder Schlaftabletten abhängig sind. Wenn Sie eine mit Ja beantworten, sind Sie suchtgefährdet und sollten besonders aufpassen, wenn Sie die Tabletten absetzen.

1. Erhalten Sie Ihre Tabletten auch ohne Arztbesuch auf Wiederholungsverschreibung?
2. Werden Sie unruhig, wenn Ihr Vorrat zur Neige geht?
3. Müssen Sie ein paar Tabletten mitnehmen, wenn Sie außer Haus gehen?
4. Treten ungewöhnliche, unangenehme Symptome auf, wenn Sie eine Pille auslassen?
5. Ist eines der ursprünglichen Symptome, gegen das Sie die Tabletten nehmen, schlimmer geworden?
6. Haben Sie Tranquilizer oder Schlafmittel drei Monate oder länger eingenommen?
7. Haben Sie Ihre Tablettendosis seit Beginn steigern müssen?
8. Hat der Arzt Ihr Medikament gewechselt?
9. Haben Sie noch eines der Symptome, gegen die Ihnen die Tabletten verordnet wurden?
10. Leiden Sie anhaltend unter Schläfrigkeit oder Müdigkeit, Lethargie oder Unentschlossenheit?

Hinweise zur Entwöhnung

Wenn Sie süchtig sind auf Beruhigungs- und Schlafmittel aus der Benzodiazepin-Gruppe, müssen Sie sich ihrer behutsam entwöhnen. Hier einige grundlegende Hinweise.

1. Zuerst einmal gehen Sie zu Ihrem Arzt und fragen ihn um Rat. Wenn er Ihnen keinen geben kann oder erzählt, Sie sollten sich selbst helfen und sich keine Sorgen machen, weil der Entzug ganz einfach sei – dann schlage ich vor, daß Sie sich einen neuen Arzt suchen.

2. Seien Sie darauf gefaßt, daß unangenehme Symptome auftauchen (S. 61).

3. Sie können diese Folgeerscheinungen gering halten, indem Sie die Dosis langsam reduzieren. In welchen Schritten Sie das tun, hängt davon ab, wie viele und wie lange Sie Tabletten genommen haben.

4. Denken Sie daran, das Benzodiazepine nicht heilen. Sie unterdrücken nur die Symptome. Wenn Sie die Tabletten gegen Angstzustände genommen haben, werden diese wahrscheinlich wieder auftreten, wenn Sie damit aufhören.

5. Warnen Sie Ihre Familie und Freunde, daß Sie nach allem Ermessen eine schwere Zeit vor sich haben.

6. Machen Sie keinen Entwöhnungsversuch, wenn Ihnen bei der Arbeit oder zu Hause gerade eine heikle Phase bevorsteht.

7. Lassen Sie sich nicht verleiten, Ihre Tabletten in Stückchen zu zerteilen. Das macht die ganze Prozedur nur schwieriger und alles dramatischer. Sie dürfen die Tabletten höchstens halbieren. Besser: Lassen Sie sich vom Doktor die niedrigste Dosierung verschreiben, dann können Sie am besten variieren.

8. Verzweifeln Sie nicht, wenn Sie eine mindere Dosis erreicht haben und es nicht weiterzugehen scheint. Sie dürfen nicht einmal verzweifeln, wenn Sie zeitweise wieder etwas mehr nehmen müssen. Sie müssen sich in eben dem Maß entwöhnen, das Ihnen zuträglich ist.

9. Wenn Sie ein Mittel wie Lorazepam nehmen – das besonders schwer absetzbar ist –, empfiehlt Ihr Arzt vielleicht, es teilweise durch Diazepam zu ersetzen und dann *beide* allmählich zu reduzieren. Das geht *nur* unter ärztlicher Aufsicht.

10. Wenn Sie jemanden kennen, der auch unter Tablettensucht leidet, sollten Sie die Entwöhnung gemeinsam planen. Rufen Sie an, teilen Sie Ihre Probleme, und bestärken Sie sich gegenseitig in Ihrem Entschluß.

Wenn Sie ein schrittweises Entwöhnungsverfahren versuchen wollen, wird Ihr Arzt vielleicht die »Stationstechnik« vorschlagen. Bei einer Ausgangsbasis von drei Tabletten täglich sieht der Fahrplan dann beispielsweise so aus:

TAGE	TABLETTEN
1.	drei
2.	zwei
3. bis 7.	drei
8.	zwei
9. bis 12.	drei
13.	zwei
14. bis 16.	drei
17.	zwei
18./19.	drei
20.	zwei
21.	drei
22. bis 26.	zwei
27.	eine
28. bis 31.	zwei
32.	eine
33. bis 35.	zwei
36.	eine
37./38.	zwei
39.	eine
40.	zwei
41. bis 45.	eine
46.	keine
47. bis 50.	eine
51.	keine
52. bis 54.	eine
55.	keine
56./57.	eine
58.	keine
59.	eine
60.	keine

Machen Sie weiter mit einer halben Tablette. Der Vorzug dieser Methode ist, daß Ihr Körper Zeit zur schrittweisen Anpassung hat. Das Schema kann natürlich bei jeder Ausgangsdosis ansetzen.

Wie lange dauert die Entziehung?

Diese Frage wird von Tablettensüchtigen am häufigsten gestellt und löst die meisten Debatten aus. Manche Experten behaupten, die Entziehung dürfe nicht mehr als ein paar Wochen dauern. Ein mir bekannter beziffert die Frist auf ein Zehntel der Einnahmedauer. Früher Süchtige schildern manchmal, daß sie Jahre gebraucht haben.

In Wahrheit gibt es keinen bestimmbaren Zeitraum für die Entziehung. Manchen gelingt es binnen Tagen, andere brauchen Monate. Außerdem haben Ärzte und Patienten oft unterschiedliche Dinge im Sinn, wenn sie von Entziehung sprechen. Reden Suchtexperten von Entzugsfristen, meinen sie den Zeitraum, über den sich die physische Entziehung erstreckt. Um die Folgeerscheinungen, die sich beim Absetzen der Medikamente einstellen, möglichst gering zu halten, muß man das ganz allmählich tun. Aber, sagen die Experten, zu lange darf das auch nicht dauern – keinesfalls länger als notwendig. Ihr Argument: Je schneller man die Tabletten absetzt, desto schneller erholt sich der Patient – langsamer Entzug bedeutet langsamere Genesung.

Patienten halten dem entgegen, daß sie ihr Medikament zwar in wenigen Wochen absetzten, sich aber Monate später Nebenwirkungen einstellten. Doch das bedeutet nicht notwendigerweise, daß diese Nenbenwirkungen Entzugserscheinungen sind. Das Ganze wird durch einige andere Faktoren verwirrend.

Zuerst einmal muß man daran erinnern, daß Benzodiazepine nichts heilen. Wenn Sie zehn Jahre lang Tranquilizer geschluckt haben, weil Sie sich ängstlich und unglücklich fühlten, dann haben die Pillen zehn Jahre lang Ihr Gemüt betäubt – aber das Problem dahinter nicht erledigt. Sobald Sie mit den Tabletten aufhören, tauchen die alten Ängste wieder auf. Sie haben sie zuvor nur nicht mehr wahrgenommen.

Wenn man Ihnen die Tabletten vor 15 Jahren verschrieben hat, um Ihnen über einen Trauerfall hinwegzuhelfen, dann müssen Sie diese Trauergefühle jetzt noch einmal durchstehen. Die Benzodiazepine haben Ihre Emotionen lediglich pharmakologisch »eingefroren«.

Zum anderen: Benzodiazepine heilen zwar nichts, aber sie betäuben Gefühlsregungen. Sie schotten ab gegenüber der Welt ringsumher und ihren alltäglichen Erfahrungen. Es ist so, als hätten Sie Ihr Gehirn in dicke Watte gepackt. Sie sind immun gegen viele Belastungen des Alltags, die Welt wird zu grauem Einerlei. Sie stehen unter ständiger Narkose.

Setzen Sie die Tabletten ab, dann werden Geist und Gemüt schlagartig mit einer Fülle von Anreizen konfrontiert. Die Narkose klingt ab, und Sie wachen auf. Das kann gewiß ein erschreckendes Erlebnis sein: Plötzlich dringt die Welt auf Sie ein. Der Lärm wird lauter, die Freude lebhafter, die Sorge tiefer. Sie müssen nicht nur mit alten, halb vergessenen Gefühlen und Empfindungen fertig werden – auch Ihre Nerven scheinen bloßzuliegen und reagieren auf jeden Reiz.

Weil alle diese Symptome unmittelbar mit der Einstellung oder der Einschränkung des Tablettenkonsums eintreten, werden Sie wahrscheinlich annehmen, sie seien durch den zu raschen Entzug bedingt. Aber das ist nicht so. Sie sind eine unvermeidliche Begleiterscheinung und stellen sich unabhängig vom Tempo der Entziehung ein. Die Verlängerung dieser Zeitspanne berührt das Ergebnis überhaupt nicht, sondern verlängert nur die Qualen.

Und schließlich: Es ist von entscheidender Bedeutung für jeden, der von seinen Beruhigungsmitteln loskommen will, die Zeit und Mühe aufzuwenden und zu lernen, wie man sich entspannen und mit Streß umgehen kann.

WARNUNG

Die Wirkungen von Streß mit Tranquilizern und Schlaftabletten zu bekämpfen – das ist, als wickle man ein Tuch um eine Alarmglocke, weil man den Lärm nicht mag.

WARNUNG

Machen Sie keine Entziehungskur – auch von Beruhigungsmitteln – ohne ärztliche Beratung.

Mit welchen Entzugserscheinungen müssen Sie rechnen?

Manche Leute haben Glück. Sie können ihren Tablettenkonsum ohne große Nebenwirkungen einstellen, und manche spüren überhaupt nichts. Andere sind weniger gut dran. Hier ist eine ziemlich umfassende Liste der Nebenwirkungen, über die Patienten beim Entzug von benzodiazepinhaltigen Beruhigungs- und Schlafmitteln klagen.

Schlaflosigkeit
Appetitmangel
Durst
Gewichtsverlust
Erbrechen
Übelkeit
Wunde Zunge
Schluckbeschwerden
Metallischer Mundgeschmack
Magenkrämpfe
Durchfall
Verstopfung
Atembeschwerden
Atmungsstörungen
Brustbeklemmung
Atembeschleunigung
Bellhusten
Unregelmäßiger Puls
Veränderter Blutdruck
Herzklopfen
Geschwollene Hände oder Füße, Schwellungen im Gesicht
Zittern und Schütteln
Haarausfall
Aufgesprungene Lippen oder Beschwerden an den Mundwinkeln
Verändertes sexuelles Verlangen (mehr oder weniger)
Zyklusveränderungen
Vermehrter Vaginalausfluß
Geschwollene Vulva
Anfälle
Stuhlinkontinenz
Harnschwierigkeiten
Konzentrationsschwäche
Antriebsschwäche
Initiativmangel
Angstgefühle
Panik
Schuldgefühle
Traurigkeit, Verzweiflung und Depression
Suizidwünsche
Vertrauensmangel
Reizbarkeit
Angst vor Erkrankung
Aggressivität und Wut
Ruhelosigkeit
Launenhaftigkeit
Geltungssucht
Unleidlichkeit
Streitsucht
Destruktive Gedanken
Verspannung in Kopf, Nacken und Schultern
Rückenschmerzen
Undeutliches Sprechen
Stottern, Verwechslung von Wörtern
Eingeschlafene Glieder
Heiße und kalte Schauer
Schüttelfrost
Erschöpfungszustände
Druck auf dem Kopf
Taube Hände und Füße
Unsicherheit
Halluzinationen
Paranoia
Alpträume
Vergangenheitsbeschwörungen
Schmerzen um den Mund
Überempfindlichkeit der Sinne
Ohrensausen
Fremdheitsgefühle
Bezugsprobleme zum Körper
Sehstörungen

HINWEIS
Dieses Kapitel bezieht sich auf Beruhigungs- und Schlafmittel, die gegen Ängste und Streßstörungen verschrieben werden. Es behandelt nicht Antidepressiva, die ganz anderer Art sind. Alle verordneten Medikamente dürfen nur nach Vorschrift eingenommen und niemals ohne vorherige Abstimmung mit dem Arzt abgesetzt werden.

KAPITEL SIEBEN

Wie man Selbstvertrauen aufbaut

Die guten Ratschläge für den Umgang mit Streß und Angst sind häufig ziemlich vage und einfältig. Allzuoft erzählen Ärzte ihren Streßpatienten nur, sie müßten sich Zeit zur Entspannung nehmen. Das ist wenig hilfreich. Die meisten meinen, es sei Entspannung, wenn sie sich vor den Fernseher hocken. Das ist es nicht. Sich hinsetzen und – meist vergeblich – die täglichen Probleme verdrängen: Das hilft überhaupt nicht. Wenn Sie Streß und Ängsten wirksam begegnen wollen, müssen Sie mehr tun. Sie müssen lernen, Ihre mentalen Kräfte konstruktiv einzusetzen.

Vergessen Sie nicht: Es ist Ihr Talent, Probleme zu übertreiben und das Schlimmste kommen zu sehen, was zu Ihren Angstgefühlen führt. Es ist Ihr Kopf, der Sie für Streß und Druck empfänglich macht – und wenn Sie ihn richtig einzusetzen verstehen, kann er Sie genausogut gegen Streß verteidigen und vor den unangenehmen Folgen dieser

Ihre Vorstellungskraft kann Sie krank machen – aber auch wieder gesund.

Verängstigung schützen. Ihre Vorstellungskraft kann Sie krank machen – aber auch wieder gesund; durch sie können Sie schwach werden – aber auch stärker. Das klingt vielleicht entmutigend und undurchführbar. In Wirklichkeit ist es sehr einfach.

Sie müssen nur einen Anfang machen, und deshalb bauen Sie erst einmal Ihre Anfälligkeit für überflüssige und schädliche Streßbelastungen ab, indem Sie Ihr Selbstvertrauen aufbauen. Je mehr Sie davon haben, desto weniger unterliegen Sie Schuldgefühlen, Unterlegenheitskomplexen und permanenten Selbstzweifeln. Sie sind auch besser gewappnet, nein zu sagen, wenn man etwas von Ihnen verlangt, was Sie eigentlich nicht tun wollen. Unter solchen Voraussetzungen können Sie sich gegen Streß sehr viel besser wehren und seine bösen Folgen vermeiden.

USA
569

Setzen Sie sich hin mit einem Blatt Papier, und schreiben Sie alles auf, was Sie Gutes von sich behaupten können – wie bei einer Werbekampagne für Ihr Ego. Werfen Sie jede Bescheidenheit über Bord, und notieren Sie all Ihre Tugenden und Pluspunkte, als wollten Sie sich der Welt verkaufen – obgleich Sie sich in Wahrheit nur an sich selbst verkaufen wollen.

Versuchen Sie, all Ihre guten Eigenschaften zu beschreiben: anständig, großzügig, rücksichtsvoll, fleißig, pünktlich, sorgfältig, bedacht, tugendhaft, freundlich, ehrgeizig, einfallsreich. Einfach alles, was Sie sich anständigerweise zubilligen können, und ohne falsche Bescheidenheit. Außer Ihnen soll ja niemand diese Liste lesen.

Und dann stellen Sie auch Ihre Aktivposten auf. Ich meine nicht Geld und Besitz – aber auch das, wenn Sie sich dadurch besser fühlen –, sondern das Unverzichtbare in Ihrem Leben: Partner, Kinder, Ansehen, Freunde, Interessen, Wissen, Bildung, Erinnerungen. Besonders Ihre Erinnerungen, sie sind die wirklichen Werte in Ihrem Leben.

Wenn es Ihnen an Selbstvertrauen fehlt, werden Sie dauernd etwas zu jammern haben – und am Ende unheilbar pessimistisch. Gegen diesen Komplex gibt es eine gute Abhilfe. Fragen Sie sich immer: Was könnte schlimmstenfalls passieren? Sie werden staunen – das Schlimmste ist meistens gar nicht so schlimm. Und wenn Sie es einmal kennen, können Sie etwas dagegen tun.

Charles Bronson hatte als armer Einwanderer kaum Chancen. Aber er wurde ein Hollywoodstar.

Sieben Wege zum Selbstvertrauen

Zum Aufbau Ihres Selbstvertrauens müssen Sie negative und abträgliche Gefühle – z. B. zu versagen, unfähig oder unterlegen zu sein – gegen positive Einstellungen austauschen. Hier einige praktische Ratschläge, wie Sie Ihr Selbstvertrauen ankurbeln können

1. Entwerfen Sie eine Anzeige, in der Sie Ihre Tugenden anpreisen und Ihre Pluspunkte aufzählen. Wählen Sie aus dieser Liste Eigenschaften aus, die auf Sie zutreffen.

○ ehrlich	○ freundlich
○ wahrheitsliebend	○ fürsorglich
○ gefühlsbetont	○ ehrgeizig
○ ehrenhaft	○ fleißig
○ zuverlässig	○ mutig
○ gewissenhaft	○ geistreich
○ aufmerksam	○ klug
○ treu	○ intelligent
○ anständig	○ höflich
○ tugendhaft	○ pünktlich
○ seriös	○ rücksichtsvoll
○ gesetzestreu	○ anspruchsvoll
○ großzügig	○ sympathisch
○ selbstlos	○ zugänglich
○ untadelig	○ gewandt
○ gehorsam	
○ wohltätig	

2. Was ist Ihr größter Fehler? Was beklagen die Leute an Ihnen am häufigsten? Wenn es Ihnen wirklich nicht einfällt – dann fragen Sie sich nur, was Ihnen bei anderen am meisten mißfällt. Wahrscheinlich ist das Ihr Fehler. Und nun

betrachten Sie Ihren Fehler von der anderen Seite. Jeder hat zwei Seiten, und auf der Gegenseite einer schlechten Eigenart steht in der Regel mindestens eine gute.

- ▷ Wenn Sie zwanghaft sind – sind Sie wahrscheinlich auch aufmerksam und achtsam.
- ▷ Wenn Sie ungeduldig sind – sind Sie wahrscheinlich auch kreativ und tatkräftig.
- ▷ Wenn Sie pessimistisch sind – sind Sie wahrscheinlich auch vorsichtig und verläßlich.
- ▷ Wenn Sie verantwortungslos sind – sind Sie wahrscheinlich auch fröhlich und ein anregender Unterhalter.
- ▷ Wenn Sie ein unpraktischer Mensch sind – sind Sie wahrscheinlich auch künstlerisch begabt, sensibel und phantasievoll.
- ▷ Wenn Sie eitel sind – sind Sie wahrscheinlich auch anspruchsvoll und gewissenhaft.
- ▷ Wenn Sie intolerant sind – sind Sie wahrscheinlich auch aufrichtig und gesetzestreu.
- ▷ Wenn Sie unromantisch sind – sind Sie wahrscheinlich auch praktisch und vernünftig.
- ▷ Wenn Sie prüde sind – sind Sie wahrscheinlich auch gläubig und tugendhaft.
- ▷ Wenn Sie rücksichtslos sind – sind Sie wahrscheinlich auch ehrgeizig und fleißig.
- ▷ Wenn Sie schüchtern sind – sind Sie wahrscheinlich gefühlvoll und phantasievoll.
- ▷ Wenn Sie empfindlich sind – sind Sie wahrscheinlich auch höflich, überlegt, großzügig und uneigennützig.

3. Wenn Sie sich dauernd über Ihre Fehler grämen und für alles zu entschuldigen scheinen: Dann denken Sie daran, daß jeder gelegentlich Fehler macht. Niemand macht alles richtig; und es ist nichts falsch daran, sich für einen Fehler zu entschuldigen. Wenn man Herausforderungen und Risiken aufnimmt und sein Leben lebt, dann macht man bisweilen etwas falsch und fällt auch falsche Urteile. Das schadet dem Ansehen. Doch wenn auch Fehler eine Schwäche sind, ist doch

Es tut nicht weh, sich zu entschuldigen.

ihr Eingeständnis ein Zeichen von Stärke und Mut, von Reife und Lernfähigkeit, also wahrer Klugheit. Nur wer nichts riskiert, kann niemals irren, und ein Leben ohne Risiko ist ein Leben der versäumten Gelegenheiten.

4. Haben Sie keine Angst zu sagen: Ich weiß es nicht. Wie schuldbewußt Sie sich auch fühlen mögen, dies Zugeständnis ist immer ein Zeichen von Stärke. Kein Mensch kann alles wissen. Die wirklich Weisen und Großen geben immer zu, daß ihr Wissen Grenzen hat. Nur die Schwachen, Wankelmütigen und Dummen sind töricht und eingebildet genug zu behaupten, daß sie alles wüßten.

5. Denken Sie mehr an sich selbst. Menschen mit geringem Selbstwertgefühl und häufigen Schuldgefühlen neigen zur Selbstlosigkeit – und machen sich Zeit ihres Lebens Sorgen um andere. Wenn Sie von dieser Art sind, sollten Sie intensiver über *Ihre* Bedürfnisse nachdenken.

6. Wenn Sie oft das Gefühl haben, Ihr Leben sei ins Leere gelaufen und nichts, worauf Sie stolz sein könnten – dann schreiben Sie einmal die Dinge auf, die wirklich wichtig für Sie sind: Partner, Freunde, Gesundheit, Kinder, Interessen, Wissen, Bildung, Erinnerungen und warum Sie gerade in den Spiegel schauen können. Sie werden staunen, wieviel Anlaß zum Stolz Sie haben.

7. Wenn Sie sich um die Zukunft sorgen, dann fragen Sie sich, was schlimmstenfalls passieren kann. Und siehe da: Es ist bei weitem nicht so schlimm, wie Sie sich einbildeten. Beklemmend sind nur uneingestandene Ängste.

KAPITEL ACHT

Wie man den Körper entspannt

Wenn Sie beunruhigt sind, nervös oder unter Streß, dann spannt Ihr Gehirn automatisch die Muskeln Ihres Körpers an. Das hat einen lang verwurzelten und vernünftigen Grund. Durch die Anspannung der Muskeln bereitet das Gehirn den Körper instinktiv auf eine Aktion vor; denn es geht davon aus, daß physisches Handeln die beste Antwort auf eine Bedrohung darstellt: kämpfen oder fliehen.

Doch dem modernen Streß kann man durch solch physische Reaktionen nicht begegnen. Sie können weder gegen einen Verkehrsstau kämpfen noch vor einer Stromrechnung fliehen. Die heutigen Streßsituationen sind anhaltender Natur – und darum halten auch die Muskelspannungen über längere Zeiten an.

Im Kampf gegen Muskelverspannung hilft es, Streß zu vermeiden, ihn abzuwehren und mit ihm umzugehen.

Gespannte Muskeln verursachen Kopfschmerzen, Rückenschmerzen und einen steifen Nacken. In acht von zehn Fällen werden Rückenschmerzen durch Streß ausgelöst, und auch schwindelerregende 98 Prozent der Kopfschmerzen gehen auf ihn zurück.

Im Kampf gegen Muskelverspannung hilft es, Streß zu vermeiden, ihn abzuwehren und mit ihm umzugehen. Aber es gibt noch einen anderen, direkteren Weg, gegen muskuläre Spannung und die damit verbundenen Probleme anzugehen: bewußtes Relaxing der verspannten Muskulatur.

Viele Leute wollen das gar nicht erst versuchen, weil sie fälschlich glauben, man müsse dazu körperlich fit und ausgesprochen beweglich sein. Aber das ist gar nicht notwendig. Auch *Sie* können lernen, Ihren Körper schnell und leicht zu entspannen, wenn Sie ganz einfachen Anleitungen folgen.

Den Körper entspannen

Diese einfache Methode nimmt Ihren Muskeln etwaige Spannung. Sie brauchen dafür nur ungestörte 20 Minuten. Ziehen Sie dazu lockere und behagliche Klamotten an – keine Schuhe –, und legen Sie sich an einem ruhigen Fleckchen bequem auf den Rücken.

1. Unter Streß atmen Sie schneller. Also beginnen Sie mit langen, tiefen und langsamen Atemzügen. Das besänftigt das Gemüt – und den Körper.

2. Zuerst ballen Sie fest die rechte Hand. Pressen Sie die Finger in der Handfläche zur Faust, und spannen Sie die Muskeln so fest es nur geht. Die Knöchel werden dann ganz weiß. Jetzt entspannen Sie Ihre Hand und entfalten ganz langsam die Finger. Dabei spüren Sie, wie sich die Handmuskeln lösen.

3. Das gleiche machen Sie nun mit anderen Muskelpartien Ihres Körpers. Konzentrieren Sie sich dabei ganz auf die Spannung und Entspannung der jeweiligen Muskeln.

4. Beugen Sie Ihren rechten Arm, und straffen Sie den Bizeps mit aller Kraft. Dann entspannen Sie und lockern die Muskeln. Wenn Ihr Arm ganz gelöst ist, legen Sie ihn bequem an der Seite auf den Boden.

5. Atmen Sie immer noch tief und regelmäßig? Dann machen Sie jetzt Übung 2 und 4 mit linker Hand und linkem Arm.

6. Strecken Sie die Zehen des rechten Fußes hoch, und straffen Sie die Muskeln ganz fest. Dann rollen Sie die Zehen möglichst weit ein. Wenn der Fuß dann ganz gespannt ist: lockern und entspannen.

7. Nun nehmen Sie sich die rechte Wade vor und straffen heftig deren Muskeln: Dabei werden sie fest und hart. Strecken Sie zur Verstärkung noch den Fuß zur Decke. Und dann entspannen.

8. Strecken Sie jetzt das ganze rechte Bein, und spitzen Sie dabei auch noch die Zehen. Sie spüren, wie die Muskeln auf dem Oberschenkel straff werden – sie fühlen sich bis zum Beinansatz ganz fest an. Dann lockern Sie die Muskeln und lassen das Bein bequem zu Boden sinken.

9. Die Übungen 6, 7 und 8 wiederholen Sie nun auf der linken Seite mit Fuß, Wade und Bein. Versuchen Sie, die Spannung immer ein paar Sekunden zu halten.

10. Straffen Sie die Unterleibsmuskulatur. Ziehen Sie den Bauch mit aller Macht ein. Dann strecken Sie ihn umgekehrt heraus – so weit Sie nur können. Dazwischen und danach wird entspannt.

11. Straffen Sie die Pomuskeln, und drücken Sie den Hintern hoch – ein paar Zentimeter sollten es schon werden. Nach einigen Sekunden lassen Sie den Po sinken und entspannen Ihre Muskeln.

12. Nehmen Sie einen großen, tiefen Atemzug, und halten Sie ihn: Das weitet die Brustmuskulatur. Wenn es nicht länger geht, atmen Sie langsam aus.

13. Drücken Sie nun die Schultern in den Boden, mit aller Kraft, und dann bewegen Sie sie aufwärts nach vorn. Und schließlich ziehen Sie die Schultern ganz hoch bis zu den Ohren und halten den Kopf dabei ruhig. Irgendwann gelingt das schon. Auf jeden Fall folgt jetzt Entspannung.

14. Machen Sie sich so lang, wie Sie nur können, indem Sie die Muskeln des Rückens strecken und ihn ein wenig wölben. Stellen Sie sich vor, Sie würden an Kopf und Füßen in gegensätzliche Richtungen gezogen. Dann die Muskeln lösen.

15. Jetzt ist der Nacken an der Reihe. Heben Sie den Kopf auf und nach vorn zur Brust, damit die Muskeln hinten gestreckt werden. Legen Sie Ihren Kopf zurück, und drehen Sie ihn erst nach rechts und dann nach links. Nun setzen Sie sich auf und führen den Kopf langsam ganz weit nach hinten. Zur Entspannung der Nackenmuskeln lassen Sie ihn am Ende sanft kreisen.

16. Jetzt konzentrieren Sie sich auf Ihr Gesicht. Zuerst ziehen Sie die Augenbrauen hoch und dann nach unten, als wären Sie furchtbar zornig. Und das einige Male, bis Sie die Muskeln richtig spüren. Entspannen.

17. Kneifen Sie die Augen fest zusammen, ein paar Sekunden lang. Dann lassen Sie die Lider geschlossen, lockern aber die Muskeln rings um die Augen bis zu völliger Entspannung.

18. Rümpfen Sie die Nase. Blecken Sie die Zähne. Malmen Sie mit der Kinnlade, reißen Sie den Mund auf, und pressen Sie die Lippen zusammen – setzen Sie alle Muskeln rund um den Mund in Bewegung. Und zum Schluß strecken Sie mächtig die Zunge heraus – um dann ganz gelöst völlig zu entspannen.

Ihr Relaxing-Programm auf Tonband

Nehmen Sie sich einen Kassettenrecorder, und lesen Sie dieses Programm langsam auf Band. Dann legen Sie sich nieder, hören aufmerksam zu und üben. Sie werden merken, daß man beim Zuhören sehr viel besser entspannen kann, als wenn man die Anweisungen immer nachlesen muß. Lesen Sie sehr langsam, und legen Sie Pausen ein. Für das richtige Timing brauchen Sie vielleicht zwei oder drei Aufnahmen.

Zu beschäftigt zum Relaxing?

Vielbeschäftigte Leute sagen oft, um zu entspannen hätten sie viel zu viel zu tun: Das sei nur Zeitverschwendung. Sie irren. Relaxing ist für ihre geistige Verfassung so wichtig wie Nahrung für ihren Körper.

KAPITEL NEUN

Angst überwinden durch die Kraft der Phantasie

Vor einiger Zeit suchte mich eine Patientin auf mit einem unangenehmen Hautausschlag an Armen, Nacken und Brust. »Ich weiß nicht, was mir fehlt«, sagte sie während der Untersuchung. »Normalerweise habe ich eine gute Verdauung, aber jetzt stimmt auch sie nicht mehr.« Sie klang müde und sah aus, als schliefe sie auch schlecht. Sie hatte große Ringe unter den Augen, und ihr Haar war stumpf und glanzlos. »Haben Sie sonst noch etwas bemerkt?« war meine Frage. »Außer dem Ausschlag und den Verdauungsstörungen?« Die Untersuchung ergab nicht viel, ich konnte nichts Ungewöhnliches entdecken. Sie zögerte kurz. »Ich bin seit einigen Wochen sehr gereizt«, gestand sie schließlich, »und habe es an meinem Mann und den Kindern ausgelassen.« Plötzlich fing sie an zu weinen. Man mußte kein Genie sein, um zu spüren, daß sie Sorgen hatte.

Die Sorgen hatten sie reizbar und nervös gemacht und den Ausschlag wie die Magenverstimmung verursacht.

Die Sorgen hatten sie reizbar und nervös gemacht und den Ausschlag wie die Magenverstimmung verursacht. Als sie sich angekleidet hatte und mir gegenübersaß, fragte ich nach dem besonderen Grund ihres Kummers. »Es ist mein Job.« Sie zuckte die Achseln, als wollte sie das Thema übergehen. Doch ich brachte sie zum Reden.

»Ich arbeite in einer kleinen Druckerei. Es ist ein Familienbetrieb, und man hat mich im letzten Jahr in eine wichtige Position befördert. Ich fühle mich wohl, und es macht viel Spaß; aber es gibt das Gerücht, wonach unsere Firma von einem großen Unternehmen übernommen werden soll.« »Und das gefällt Ihnen nicht?« Ich bohrte weiter, ließ nicht locker. »Ich habe Angst, daß ich dann meinen Job verliere. Als ich die Stelle bekam, haben wir ein größeres Haus gekauft. Ohne mein Gehalt können wir die Hypotheken nicht zahlen. Wenn ich meinen Job verliere, verlieren wir auch unser Heim.« Und sie begann wieder zu weinen.

»Haben Sie mit jemandem im Betrieb über die Übernahme gesprochen?« fragte ich. Sie trocknete die Tränen und schüttelte den Kopf. »Ich weiß nicht einmal, ob darüber wirklich verhandelt wird!« »Dann machen Sie sich Sorgen um etwas, was lediglich passieren *könnte*?«

Sie schaute auf den Boden. »Ich weiß, es klingt verrückt«, gab sie zu und zuckte mit

Versetzen Sie sich in dieses Bild. Ihr Körper wird nicht auf die Abbildung, sondern auf Ihre Vorstellung reagieren: Es wird Ihnen kühl und nicht warm werden.

den Schultern. »Aber das Schlimmste ist, nicht zu wissen, was geschehen wird.« Sie hielt inne. »Auch die Kinder würde der Umzug treffen. Sie haben ihre Freunde, sie mögen die Schule und sind begeistert von ihrem Garten.«

Mein Rat war einfach und direkt: Sie solle mit ihrem Chef reden und ihn fragen, was an den Gerüchten dran sei.

»Und wenn es tatsächlich zu einer Übernahme kommt, soll er Ihnen sagen, ob die neue Firma Sie nicht übernehmen will.« Ich erklärte ihr, daß der Ausschlag und ihre Reizbarkeit ein und dieselbe Ursache hätten: ihre Einbildungskraft. Es gab keinen konkreten Grund für ihre Erkrankung – aber die Angst vor einer unsicheren Zukunft reichte völlig aus, sie aus dem Gleichgewicht zu bringen und körperliche Beschwerden auszulösen.

Was für diese Patientin galt, gilt für Millionen andere. Wie sie leiden viele unter ganz reellen Krankheiten, weil die Kraft der Vorstellung sie krank macht. Sie ist so mächtig und wirkungsvoll, daß sie den Körper täuschen kann. Wenn Sie z. B. im Fernsehen einen Film über die Arktis anschauen, kann es passieren, daß Sie in der Werbepause in die Küche marschieren und sich einen heißen Tee machen, weil Ihre Phantasie Ihrem Körper vorgaukelt, es sei kalt.

Wir haben Angst *davor*, unseren Job zu verlieren, zu spät zu kommen, krank zu werden, die Zuneigung anderer zu verlieren und *vor* tausend anderen Dingen. *Vorher!* Unsere Einbildungskraft gewinnt die Oberhand, und wir machen uns endlos Sorgen – meist ohne Grund. Im Endergebnis leidet unsere Gesundheit unter *imaginären* Problemen: So wie Symptome und Krankheiten durch tatsächliche Probleme ausgelöst werden, können sie auch durch eingebildete verursacht sein.

Doch die Kraft unserer Phantasie kann auch dazu beitragen, Wohlbefinden zu sichern. Wenn wir verstehen, sie richtig einzusetzen, können wir mit unserer Vorstellungskraft auch gegen Krankheiten angehen und uns gegen mentale und physische Gesundheitsschäden schützen.

Durch bewußtes Abschalten, bei dem man die täglichen Sorgen beiseite schiebt und sich statt dessen eine schöne Erinnerung oder ein Bild voll Heiterkeit und Gelassenheit vor Augen führt und die Phantasie friedvoll schweifen läßt, kann man die Auswirkung von Streß auf den Körper bekämpfen und beklemmende Angstgefühle überwinden. Versuchen Sie es einmal mit meiner »Tagtraummethode«. Sie ist leicht zu lernen und ein hervorragender Weg, Lebensfreude und Gesundheit zu bewahren in einer streßbeladenen Welt.

Stellen Sie sich vor: Es ist ein warmer, sonniger Tag im frühen Sommer. Kein Wölkchen ist zu sehen, eine zarte Brise streicht durch die Luft und trägt die Hitze hinweg. Ein heiterer Tag, so recht geneigt, alle Sorgen, Ängste und Kümmernisse zu vergessen. Denn Sie sind auf Ihrer Insel, allein und voller Behagen, fern von Streß und Terminen, sicher vor den tausend Erwartungen des Alltags, die ihn oft so unerträglich machen.

Sie sind allein, aber nicht einsam. Es ist ruhig umher, eine sanfte Stille. Manchmal raschelt die Brise in den Blättern der nahen Bäume, im Gras das Zirpen von Grillen, in der Luft das Lied einer Lerche, von Ferne ein Meeresrauschen.

Leicht und gemächlich schreiten Sie einen schmalen Feldweg entlang. Kein Auto, keine Menschen, kein Lärm, kein Rauch, kein Müll auf Ihrer Insel. Sie haben Zeit, alle Zeit der Welt. Zur Linken blühen Schlüsselblumen am Grund der Hecke, auf der saftigen grünen Wiese zur Rechten entfaltet der frühe Mohn seine zartroten Blüten im wispernden Wind. Sie sind im Frieden mit sich und der Welt an diesem lieblichen Flecken Erde. Niemand wird Sie hier finden und stören, es ist Ihre Welt, Ihr Anteil, Ihr Traum, und niemand kann eindringen, was immer geschieht.

Der Pfad schwingt sacht nach links hinab, und Sie werden gewahr, daß Sie dem Meer zugehen. Es ist eine kleine Insel, Sie haben einen weiten Blick. Die See ist von tiefem Blau und leuchtet ungebrochen bis zum Horizont.

Während Sie dem Weg hinabfolgen, hören Sie in der Nähe Wasser rauschen. Sie halten ein und schauen links durch das Heckengestrüpp: Es ist nur ein seichtes Flüßchen, aber seine Wasser springen hurtig und sprühend kristallklar über Steine und Felsen in ihrem schmalen Bett den Hang hinab.

Weiter unten, der Küste zu, teilt sich der Strom und strebt in vielen Windungen und Rinnsalen zum Strand. Drüben steht eine Gruppe verwitterter knorriger Bäume, in ihrem Schatten ein weiches, einladendes Polster von Moos. Ein paar Augenblicke stehen Sie da wie gebannt: Es ist das schönste und friedlichste

Fleckchen der Erde. Und da ist auch ein halbes Dutzend flacher Steine, auf deren Furt Sie leicht das Gewässer überqueren, und Sie sinken unter den alten Kronen auf die Bank aus Moos, lehnen den Rücken zurück an den Stamm, und Sie wissen: Nirgendwo kann es so schön sein, so friedlich wie hier auf Ihrer Insel im Anblick des goldenen Meeressaums. Sie ruhen aus, allein, zufrieden, still, und Sie empfinden Behagen, Ruhe und Glück.

Wenn Sie die Augen schließen, hören Sie das nahe Gurgeln und Plätschern des Flüßchens in seinem steinigen Bett und dahinter das rhythmische, majestätische Anrollen der Meereswogen am Strand, über Ihnen das Rascheln der Brise in den Blättern. Durch das Laub fällt das warme Licht der Sonne auf Sie hernieder – Ihr ganzer Körper genießt die Entspannung.

Hier können Sie bleiben, so lange es Ihnen gefällt. Es ist Ihre Insel, Ihre Zuflucht vor der Welt da draußen, frei von Ängsten und Sorgen, Hetze und Streß. Und das Besondere an diesem Fleckchen Erde: Sie tragen es mit sich, wo immer Sie sind. Es ist immer für Sie da und heißt Sie willkommen mit seinem Frieden und seiner Heiterkeit. Seine Sonne geht nie unter, es kennt nicht Regen noch Kälte, noch Dunkelheit. Es ist Ihre Zuflucht, Ihr Schlüssel zu Frieden, Behaglichkeit und Glück.

Gedankenspiel 1
Die besten Tage Ihres Lebens

Jeder Arzt wird Ihnen sagen, daß geistiges Training ein elementarer Bestandteil gesunden Lebens ist. Doch obschon die richtigen Übungen auch dem Verstand nützen, ignorieren die meisten Menschen seine Kräfte und üben ihn nicht auf die Weise, die ihnen selbst so guttäte. Denn das richtige mentale Training kann Wunder wirken und hilft auch, Angst und Streß zu überwinden.

Wenn Sie an die Stelle unglücklicher Empfindungen und unguter Erinnerungen gute Gefühle und Empfindungen setzen, werden Sie sich selbst viel besser fühlen. In Harvard haben Psychologen festgestellt, daß bei Menschen mit gefestigten Erinnerungen an liebevolle Beziehungen die Immunabwehr besser ist und die Anfälligkeit für Infektionen und andere Krankheiten geringer. Wenn Sie Ihre Einstellung an schönen Erinnerungen und frohen Gedanken orientieren, können Sie

- Ihr physisches Wohlbefinden verbessern.
- Ihre mentale Kraft stärken.
- Ihre Widerstandsfähigkeit gegen Streß erhöhen.
- Schlaflosigkeit überwinden.
- Ihre Immunität gegen Infektionen und andere Krankheiten steigern.
- Ziele erreichen und erfolgreicher sein.

Üben Sie einmal dieses Gedankenspiel:

1. Nehmen Sie Papier und Stift zur Hand.

2. Suchen Sie sich ein ruhiges, ungestörtes Plätzchen.

3. Denken Sie zurück, und überlegen Sie, welches die glücklichsten Tage in Ihrem Leben waren. Erinnern Sie sich Ihrer Kindheit, und graben Sie die glücklichen Momente aus. Denken Sie an die wahrhaft guten Tage in Ihrem späteren Leben: Ferien, Ausflüge, besondere Geburtstage, Weihnachtsfeiern, Examensabschlüsse, ein Rendezvous, ein neues Heim, ein Wiedersehen, die Geburt eines Kindes, ein neuer Job usw. Je mehr Sie nachdenken, desto mehr solcher Tage werden Ihnen einfallen. Schreiben Sie alle auf.

4. Nun wählen Sie Ihre Top seven: die sieben schönsten Tage Ihres Lebens. Schreiben Sie die extra auf: Ihre Topwoche.

5. Schauen Sie auf den ersten Tag, und erleben Sie ihn noch einmal: die Laute, die Düfte, die Gespräche. Erinnern Sie sich des Wetters, der Umgebung, der Leute – an alles eben. Versenken Sie sich ganz in die Erinnerung, und Sie werden fühlen wie damals: die Freude, die Wärme, das Glück.

6. Das gleiche vollziehen Sie für die anderen sechs Tage nach.

7. Gehen Sie dann zur ersten langen Liste zurück, und schauen Sie nach, ob nicht noch andere Tage zu Ihren Favoriten gehören. Und wenn Sie sich nicht recht entscheiden können, dann werden aus der Woche eben Top ten oder 14 Tage.

Beim Nacherleben schöner Erinnerungen fühlt man sich gut – und auch besser für diesen Tag und das Heute. Bewahren Sie die Liste auf, und holen Sie Ihre Lieblingstage hervor, wenn Sie niedergeschlagen sind. Es sollten Ihre ersten Gedanken am Morgen und die letzten am Abend sein. Schauen Sie in die Liste, wenn es Ihnen schlecht geht oder alles schiefzugehen scheint. Sie werden staunen, wie die Erinnerungen Sie aufrichten.

Denken Sie auch daran: Wie scheußlich der *heutige* Tag auch sein mag – schon *der morgige* kann ein Supertag werden.

Gedankenspiel 2 Trauen Sie Instinkt und Intuition

Ihre geistigen Kräfte sind unglaublich machtvoll. Kein Computer der Welt kann da mithalten – und doch haben Sie Ihre wahren Kräfte wahrscheinlich noch nicht einmal angetippt. Die meisten von uns stottern mit einem Bruchteil ihrer natürlichen Fähigkeiten dahin – als holpere man mit einem Ferrari zum Einkaufen. Einige Ihrer elementarsten, aber ungenutzten Begabungen könnten Ihnen helfen, mit vielen Ihrer Probleme fertig zu werden. Zum Beispiel: Lernen Sie, Ihren Instinkten zu trauen. Die meisten Menschen unterdrücken oder scheuen ihr eigenes instinktives Urteil. Man hat uns gelehrt, vor jeder Entscheidung sorgfältig nachzudenken, und nun machen wir die simpelsten Dinge zu Problemen: Welche Schuhe oder Krawatte ziehen wir zur Arbeit an? Welches Menü sollen wir auf der Speisekarte wählen?

Unsere heutige Welt wird von Experten regiert. Wir sind gedrillt, auf sie zu hören und bei allem ihren Rat einzuholen. Doch die meisten der politischen, sozialen, wissenschaftlichen und juristischen Verfahrensweisen, die sich als unvernünftig, zwecklos, voreingenommen oder einfach bodenlos dumm herausstellen, sind von Experten entworfen worden.

Scheuen Sie sich nicht, zu Ihren Gefühlen zu stehen; gehen Sie nie davon aus, daß Experten recht haben; lassen Sie sich nie zu dem Glauben verleiten, die Entscheidungen gesellschaftlicher Institutionen seien richtig oder vernünftig. Wenn Sie den Mut finden, sich ganz auf sich selbst zu verlassen, werden Sie nicht nur Ihre verborgenen geistigen Kräfte für Ihre Entscheidungen nutzen können, sondern mit der Zeit auch einen neuen sechsten Sinn entwickeln: Ihre natürliche angeborene Intuition wird sich rasch entfalten.

Schauen Sie sich nur um: Viele anscheinend wohlerzogene und vernünftige Leute haben Schwierigkeiten, die einfachsten Entscheidungen zu treffen. Beobachten Sie einen Gast im Restaurant bei der Wahl der Speise oder einen Mann oder eine Frau bei der Überlegung, was sie anziehen sollen. Immer wieder setzen sich die Leute selbst unter Druck.

Angesichts einfacher Probleme sollten Sie dem ersten Einfall folgen. Wenn Ihr erster Gedanke das blaue Hemd oder Kleid ist, dann ziehen Sie

es an – vergessen Sie den Rest. Wenn Ihnen der Sinn auf Anhieb nach Lasagne steht, dann nehmen Sie Lasagne. Halten Sie sich an, rasch und entschieden zu denken. Ihre Intuition hilft Ihnen, sofort die richtige Entscheidung zu treffen – ohne stundenlanges Grübeln. Denken Sie nur daran, wie oft Sie das schon taten – um dann doch dem ersten Einfall zu folgen. Sie befreien sich so von einem Haufen unnötiger Troubles. Und wenn es einmal schiefgeht: Ersparen Sie sich die Selbstvorwürfe. Es schadet dem Selbstvertrauen sehr viel weniger, wenn ein schlechter Einfall schuld war, als wenn man sich eine schlechte Entscheidung vorwerfen muß.

Das Vertrauen in die Intuition zur Lösung schlichter Alltagsprobleme hat zwei Vorzüge. Einmal haben Sie mehr Zeit, um über Entscheidungen von wirklicher Bedeutung nachzudenken. Und zum anderen schärfen Sie Ihre instinktiven Fähigkeiten bis zu einem Grad, in dem Ihnen Ihr Unterbewußtsein bei der Antwort auf die schwierigen – und scheinbar unlösbaren – Probleme Ihres Lebens helfen wird. Sobald Ihre Intuition einmal entwickelt ist und Sie vor einer wahrhaft schwierigen Entscheidung stehen, werden Sie hoffentlich den Mut haben, keine Ewigkeit darauf zu verschwenden, sondern Ihren Instinkten zu folgen.

Wenn Sie spazierengehen, in einem warmen entspannenden Bad sitzen oder mit einem guten Buch vor dem Kamin, arbeitet Ihr Unterbewußtsein weiter und spielt verschiedene Problemlösungen durch. Gewöhnlich stellt sich heraus, daß es nur eine gibt, und allmählich werden Sie lernen, Ihren Instinkten auch in schwierigeren Fällen zu vertrauen.

Hören Sie auf Ihr Inneres, und Sie finden Frieden und Beruhigung. Lernen Sie zu sagen und zu tun, was Sie für richtig halten und Sie zufrieden sein läßt mit sich und Ihrer Umwelt. Lassen Sie sich nicht von den Erwartungen und Vorhaltungen der »Gesellschaftsexperten« unter Druck setzen.

Gedankenspiel 3
Träumen wie in jungen Jahren

Sie können Langeweile und Ermüdung überwinden und wieder Glanz und Begeisterung in Ihr Leben bringen, wenn Sie sich mit den brachliegenden Kräften der Erinnerung in Ihre Jugendzeit versetzen. In der Jugend haben wir alle viele Träume. Wir phantasieren in die Zukunft hinein. Wir sehen uns die Welt erobern als Musiker, Sportler oder Politiker, wir werden große Maler, Schriftsteller oder Bildhauer und reisen zu den fernsten Zielen.

Aber die Gesellschaft mag keine Träumer: Sie sind nicht produktiv, sie machen nur Schwierigkeiten und passen nicht ins Schema. Die Gesellschaft möchte, daß Sie Ihre Seele verkaufen für ein Häuschen im Grünen, ein Auto in der Garage und einen Grill im Garten. Die Gesellschaft braucht Werktätige und Verbraucher, keine Träumer.

Die Wahrheit aber ist: Sie werden viel eher Erfolg haben und das Leben bestehen, den Streß und die Ängste bekämpfen und glücklich sein können, wenn Sie Ihre Träume im Herzen pflegen. Darum: Scheren Sie sich nicht um die Leute, die Sie Ihre Träume, Ambitionen und Hoffnungen vergessen machen wollen. Wenn Sie Ihre Träume aufgeben, wird alles trostlos und stumpf, und Sie werden anfällig für Streß. Halten Sie Ihre Träume ganz fest, ein Leben lang. Greifen Sie zurück in Ihre Erinnerung zu den Träumen Ihrer Jugend – und träumen Sie weiter.

Denken Sie vor allem daran: Ein Ziel ist nichts

anderes als ein Traum mit gutem Ende. Geben Sie Ihren Träumen Gestalt, setzen Sie sie in Ihre Zukunftspläne ein. Sie müssen nicht Wirklichkeit werden, aber sie müssen lebendig bleiben. Denken Sie zurück an Ihre Jugend, und schreiben Sie alle Träume von damals auf. Dann gehen Sie die Liste durch und streichen solche aus, die gänzlich unmöglich sind. Über alle anderen denken Sie sorgsam nach.

Gedankenspiel 4
Meditation ist gar nicht schwer

Meditation ist ein besonders guter Weg, Sorgen zu vergessen, der Welt auszuweichen und den Geist von Streß und Ängsten zu befreien. Nehmen Sie sich für diese einfache Übung 15 Minuten täglich – am besten immer zur gleichen Zeit, dann wird es eine gute Gewohnheit. Stift und Papier sollten in Reichweite liegen.

1. Legen oder setzen Sie sich an einen ruhigen und bequemen Platz. Zum Sitzen nehmen Sie einen festen, aufrechten Stuhl, denn Sie sollen den Rücken gerade halten und die Muskeln in Schultern, Rücken und Nacken bewußt entspannen.

2. Richten Sie den Blick und Ihre Aufmerksamkeit allein auf Ihren Bauch, und atmen Sie tief ein und aus. Versuchen Sie, an nichts zu denken.

3. Wenn Ihre Gedanken wandern oder ein Problem auftaucht: Betrachten Sie es möglichst leidenschaftslos, doch lassen Sie sich dadurch nicht stören. Wenn es sehr wichtig ist, schreiben Sie es auf. Und dann fahren Sie fort und achten nur auf Ihren Atem.

KAPITEL ZEHN

Übungen gegen Streß

Streß, Muskelspannung und Schmerz stehen in unmittelbarer Abhängigkeit voneinander. Unter Streß spannen sich die Muskeln an, verspannte Muskeln schmerzen, und die Art des Streßschmerzes hängt davon ab, welche Muskeln verkrampfen. Die Wechselbeziehung von Schmerz, Streß und Muskelspannung wirkt sich auch auf andere Weise aus. Wenn Schmerzen beispielsweise aus einer Verletzung herrühren, spannen sich Muskeln ebenfalls, und das Ergebnis ist eine erhöhte Anfälligkeit für Streß.

Diesen Teufelskreis kann man durch Übungen aufbrechen.

○ Beim Training schalten Sie den täglichen Kummer ab. Sie konzentrieren sich auf Ihre Übungen und drängen damit die Streßerlebnisse in den Hintergrund – das ist gut für den Körper und den Geist.

Das Stretching der Muskeln befreit Sie von der angestauten Spannung – und mit der Verkrampfung verschwindet der Schmerz.

○ Das Stretching der Muskeln befreit Sie von der angestauten Spannung – und mit der Verkrampfung verschwindet der Schmerz.

Ein Großteil der Streßblockaden in unserem Körper ist das Resultat von Frustrationen, Enttäuschungen und unnützem Ärger. Das Leben heute stellt uns oft vor Situationen, in denen wir explodieren möchten – aber die Fassung nicht verlieren dürfen. Die natürliche Antwort unseres Körpers auf Streß besteht in einer physischen Reaktion, und dafür werden die Muskeln unter Spannung gesetzt: um zu kämpfen oder zu fliehen. Doch wir tun weder das eine noch das andere. Durch entsprechende Übungen hat Ihr Körper die Möglichkeit, seine Muskulatur von angestautem Streß zu befreien.

○ Regelmäßiges Training regt den Körper zur Produktion besänftigender und heilsamer Hormone an, der Endorphine – körpereigene Beruhigungsmittel. Diese Hormone tragen zur Heilung von Krankheiten bei und verbessern das Wohlbefinden.

○ Ein vernünftiges Trainingsprogramm verbessert nicht nur Allgemeinbefinden und Fitneß, es steigert auch den Streßwiderstand und mindert die Anfälligkeit für streßbezogene Erkrankungen.

○ Bei regelmäßigem Training produziert der Körper geringere Mengen des Streßhormons Epinephrin, besser bekannt als Adrenalin – und Blutdruck wie Pulsschlag reagieren weniger aufgeregt auf die alltäglichen Streßerscheinungen. Damit sinkt auch die Gefahr von Erkrankungen des Herzens. Außerdem, so die Experten, wird beim Training die Produktion von Norepinephrin – oder Noradrenalin – erheblich gesteigert, was Depressionen abbaut, das Wohlbefinden steigert und Streß abwehrt.

Bei so eindrucksvollen Beweisen ist es kaum überraschend, daß heutzutage acht von zehn Ärzten Patienten mit Depressionen oder Angstgefühlen körperliche Übungen verordnen. »Es ist bewiesen, daß sie für die mentale Gesundheit so wichtig sind wie Ernährung und Schlaf für die physische«, sagt ein Psychiater, dessen Patienten mehr Zeit mit Laufen verbringen als auf der Couch.

Auf drei Arten können Sie Ihren Körper trainieren und sich von Spannungen befreien: Aerobics, Stretching und Krafttraining. Jede Disziplin hat ihre eigenen Vorzüge, und darum empfehle ich alle drei. »Trirobics« nenne ich mein Trainingsprogramm zur Streßbekämpfung.

Trirobics 1
Aerobische Übungen

Joggen, Laufen, Radfahren, Tanzen und die speziellen Aerobics stärken das Herz und nehmen dem Körper die innere Spannung – besonders dem Kreislaufsystem. Dreimal wöchentlich sollten Sie mindestens 20 Minuten lang dem einfachen Programm folgen, das ich auf Seite 87 darstelle. Als »Aerobics« populär wurde, haben sich Tausende Verletzungen an Gelenken, Knochen und Muskeln zugezogen. Wenn Sie ein bißchen behutsam vorgehen und meinen Ratschlägen folgen, läßt sich das vermeiden.

○ Machen Sie zuvor einen Belastungstest bei Ihrem Arzt.

○ Hören Sie auf, sobald Sie irgendwo Schmerzen spüren.

○ Kaufen Sie sich bequeme, gut gearbeitete Schuhe. Was Sie ansonsten tragen, ist nicht so wichtig: Manche Frauen brauchen sicher einen geeigneten BH, der Jogginganzug sollte die Haut nicht wundreiben und schön bunt sein wie ein Verkehrssignal. Aber am wichtigsten sind gute Schuhe, die den Aufprall beim Laufen dämpfen.

Trirobics 2
Stretching

Stretching hilft, spezifische Muskelspannungen loszuwerden und die Beweglichkeit der Gelenke zu verbessern. Ein paarmal in der Woche sollten Sie die Übungen machen, die ich auf Seite 90 beschreibe. Für jede brauchen Sie nur eine halbe Minute!

Trirobics 3
Krafttraining

Beim Heben von Gewichten stärken Sie nicht nur die Kraft Ihrer Muskeln, sondern auch die der Knochen. Die Streßanspannung in den Muskeln wird besser absorbiert, daraus resultierende Schmerzen und Verkrampfungen entwickeln sich nicht so leicht. Außerdem ist es eine gute Vorbeugung gegen Knochenschwäche und Osteoporose. Auf Seite 92 habe ich ein einfaches Programm entworfen: Sie sollen keine enormen Muskelpakete aufbauen, sondern Ihre Muskelkräfte ausbilden. Dazu muß man nicht wie ein Gewichtheber ausschauen.

Übung tut Not

Sie haben schon genug körperliche Bewegung? Wetten, daß nicht? Sie wollten zwar schon einmal ein Training anfangen – waren aber zu beschäftigt? Und nun reden Sie sich ein, eigentlich ganz fit zu sein. Aber Sie wissen: Sie sind es nicht. Vielleicht haben Sie auch Angst, Sie könnten sich verletzen. Und da ist etwas dran. Wenn Sie sich schlagartig in ein hektisches Übungsprogramm stürzen, ist die Wahrscheinlichkeit groß, daß etwas passiert. Aber: Gar nichts zu tun, ist noch gefährlicher.

Solange Sie nicht regelmäßig trainieren, riskieren Sie Ihre Gesundheit und setzen sie so unterschiedlichen Beschwerden wie Arthritis,

Osteoporose, Erkrankungen des Herzens oder Depressionen aus.

Die meisten von uns verbringen ihr Leben in sitzender Tätigkeit. Wir reisen im Auto, im Bus und im Zug. Für die Arbeit in Haus und Garten haben wir Geräte und Maschinen. Zählen Sie nur einmal zusammen, wie viele Stunden Sie täglich im Sitzen verbringen.

Aber Ihr Körper *braucht* Bewegung! In ein paar tausend Jahren werden wir uns wohl unserer sitzenden Lebensweise angepaßt haben. Aber im Augenblick ist unser Körper biologisch noch zur *Action* bestimmt. Deshalb haben viele der heute verbreiteten Leiden ihre Ursache im allgemeinen Mangel an Bewegung und körperlicher Übung.

1. Arthritis: Ihre Gelenke brauchen Bewegung, oder sie versteifen.

2. Rückenschmerzen: Sitzen oder andauerndes Stehen führt zu Verzerrungen, die anhaltende Rückenbeschwerden verursachen.

3. Kopfschmerzen: Ohne Gymnastik baut sich in den Muskeln Spannung auf, und Schmerzen in Kopf und Nacken sind das Resultat.

4. Ängste: Durch körperliche Bewegung kann man am besten gegen Streß und Spannungen angehen, die sich andernfalls anstauen.

5. Kreislaufprobleme: Ohne körperliche Bewegung fließt das Blut in Venen träger, und Sie bekommen kalte Hände, kalte Füße und Krampfadern.

6. Depressionen: Durch regelmäßiges Training können Sie Depressionen verhindern oder bekämpfen.

7. Herzbeschwerden: Ohne körperliche Bewegung wird Ihr Herz schwach und schlapp – die geringste Aufregung kann es belasten. Ein wohlbedachtes Trainingsprogramm wird die Kraft des Herzmuskels stärken.

8. Verdauungsstörungen: Durch das ständige Herumsitzen kommt es zu Magenverstimmungen, nervösem Darm und vielen anderen Verdauungsproblemen.

9. Fettleibigkeit: Ihr Gewicht ist die Summierung von Nahrungsaufnahme und Energieverbrennung. Je mehr körperliche Bewegung, desto größer der Energieverbrauch – und schlanker das Resultat. Noch wichtiger: Durch regelmäßige Übung werden Sie Ihren Muskeltonus verbessern und sich auch schlanker und gesünder fühlen.

10. Schlaflosigkeit: Durch Training schläft man auch ohne Pillen besser.

Also: Wie oft und was soll man üben? Wenn Sie sich für ein solches Training nicht recht fit fühlen, fragen Sie zuerst Ihren Arzt um Rat. Rennen Sie nicht stracks ins nächste Fitneßstudio, stemmen Sie nicht als erstes die schwersten Gewichte, und strampeln Sie nicht gleich die wildesten Drehzahlen – damit bringen Sie sich eher um.

Suchen Sie sich ein Studio mit einem guten Trainer, einen vernünftigen Aerobickurs oder einen netten Sportverein. Der gute Trainer ist entscheidend; er wird Ihnen z. B. sagen, daß man vor und nach dem Training den Puls mißt. Schon nach wenigen Wochen sollte er nach den Übungen rasch auf die normale Frequenz zurückgehen und überhaupt niedriger werden.

Sie werden auch neue Freunde finden, mit denen Sie Erfolge und auch Mißerfolge Ihres Trainings teilen können; und damit Sie wirklich Spaß daran haben, sollten Sie vorher genau überlegen, welche Kurse und Gesellschaft Sie wählen.

Planen Sie eine bestimmte Übungszeit ein, und halten Sie daran fest, denn wenn Sie es auf Ihre »freie Zeit« verschieben, wird wohl gar nichts daraus. Es muß nicht viel sein: Dreimal die Woche eine Stunde genügt. Am Anfang fällt vielleicht auch das noch schwer: Dann beschränken Sie sich eben auf jeweils 20 Minuten. Denn eine Stunde Übung in der Woche – das kann wohl jeder einrichten!

Die Risiken übermäßigen Trainings

Hinweise: Übungen *können* gefährlich sein – besonders wenn Sie ein neues Programm ohne sorgfältige Planung und Berücksichtigung der Risiken angehen. Eine schlechte Organisation richtet mehr Unheil als Gutes an und schafft physische Probleme. Zu allem Überfluß verstärkt sie den Streß, statt ihn zu mindern. Darum ein paar Warnungen vorab.

Herz Wenn Sie jahrelang fett gegessen, geraucht, getrunken und gegammelt haben, ist Ihr Herz wahrscheinlich schon in Mitleidenschaft gezogen, und Sie sollten Ihre Übungen behutsam angehen. Männer zwischen 35 und 55, die plötzlich ihre Trainingsleidenschaft entdecken, sind am meisten gefährdet. Die Zahl junger und anscheinend fitter Sportsleute mit überraschenden Herzattacken ist erschreckend hoch; und nur zur Hälfte lassen sich bei tödlichen Anfällen andere Risikofaktoren wie angeborene Herzleiden oder Bluthochdruck nachweisen. Je älter – und untrainierter – Sie sind, desto eher kann ein Übermaß an Trainingseifer Ihrem Herzen ernsthaften und dauernden Schaden zufügen. Sie *müssen* Ihr Trainingsprogramm *langsam* aufbauen.

Hüftgelenke Zu hohe Beanspruchung kann zu frühzeitiger Abnutzung des Hüftgelenks führen. Der beste Beweis: Hürdenläufer, die ihre Hüftgelenke außergewöhnlich stark belasten, müssen mit frühen degenerativen Hüftleiden rechnen.

Augen Für die Augen ist Squash der gefährlichste Sport. Ein Squashball paßt genau in die Augenhöhle und kann den Augapfel gewaltig verletzen.

Brüste Frauen können bei ständigem (Lauf-)Training Hängebrüste bekommen; Sportbüstenhalter helfen dagegen wenig. Das konstante Scheuern der Brustwarzen kann – auch bei Männern – Wundsein und Bluten verursachen, Salben und Abdeckungen bieten Abhilfe.

Magenbeschwerden Bei – oder nach – Volksläufen klagen rund zehn Prozent über Sodbrennen und 25 Prozent über Magenkrämpfe oder Durchfall.

Unterleib Frauen mit starker Trainingsbelastung klagen über Regelstörungen und verminderte Fruchtbarkeit. Bei Männern kann sich die Hormonausschüttung bis zu 30 Prozent reduzieren – mit entsprechenden Folgen für das Sexualleben.

Ellbogen Der Tennisarm ist eine schmerzhafte Sache und äußerst schwer zu behandeln. Auslösend ist die Überanstrengung des Ellbogengelenks. Auch Golfer und Badmintonspieler können einen »Tennisarm« bekommen.

Nacken Bei Kampfsportarten wie Aikido und Karate kann es zu Verletzungen der Halswirbel – auch mit Lähmungsfolgen – kommen.

Schultern Schulterbeschwerden sind bei Tennis, Badminton und Golf sehr häufig.

Lungen Asthma entsteht oft durch körperliche Anstrengung und bedroht besonders Menschen, die schon in ihrer Kindheit darunter gelitten haben, Keuchhusten hatten, Ekzeme oder Heufieber haben oder in deren Familie es Asthma gibt. In den großen Städten sind Jogger durch die verpestete Luft gefährdet und anfälliger für Erkrankungen der Atemwege.

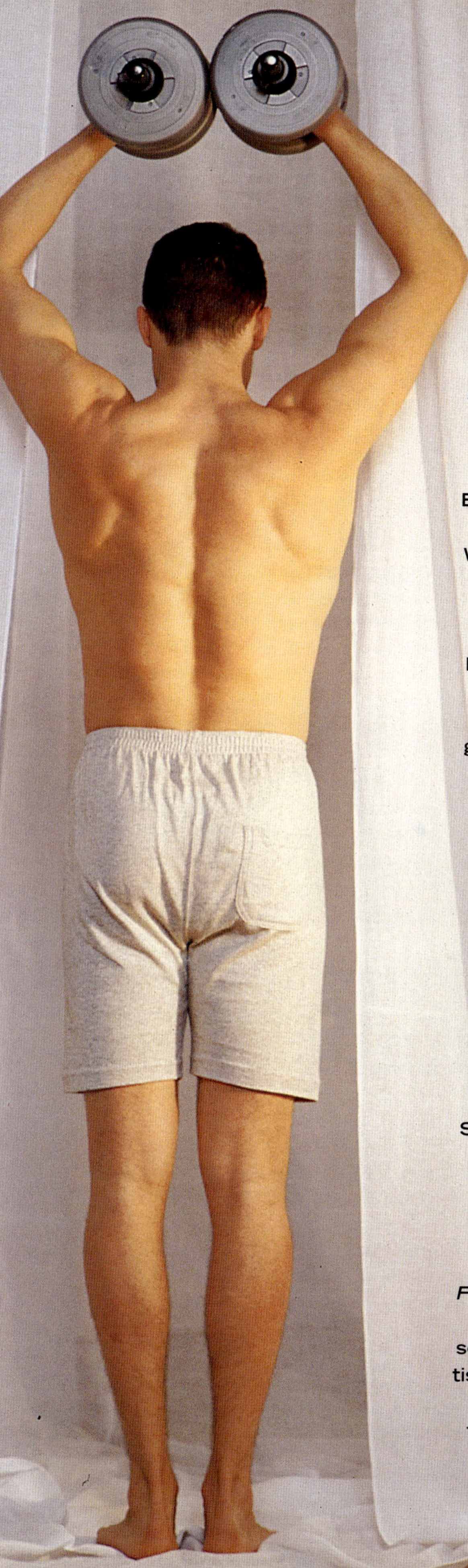

Knie Das Knie ist das empfindlichste und verwundbarste Gelenk. Verletzungen sind an der Tagesordnung, und die gefährlichsten schädigen auch die Bänder.

Infektionen Manche Experten glauben, daß ein Übermaß an Training die Widerstandsfähigkeit des Körpers abbaut.

Rückenschmerzen Der Rücken besteht aus einer Säule von Gelenken, die bei Übungen durchgeschüttelt und -gerüttelt werden.

Nieren Ein Übermaß an Training kann die Nieren unter permanenten Hochdruck setzen, aus dem sich entzündungsähnliche Symptome entwickeln.

Unterschenkel Athletische Überforderung kann zu Streßfrakturen, Abriß der Achillessehne, Muskelkrämpfen und Entzündungen des Fersenbeins führen.

Füße Fußpilz und Blasen sind ganz normale Erscheinungen. Aber Arthritis, Brüche und Überbeine werden selbst bei Sportfanatikern zum Problem.

Nach den Warnungen der Rat: Lassen Sie sich bei Ihren Übungen durch nichts stören, und stellen Sie sie allen anderen, weniger wichtigen Beschäftigungen voran. Sie kosten nicht viel Geld, Sie brauchen nur die richtige Ausrüstung: die besten Schuhe, die Sie finden können; einen einfachen Trainingsanzug, der den Schweiß aufsaugt und leicht zu waschen ist.

Vor allem aber: Überziehen Sie das Training nicht. Wenn irgend etwas weh tut, sagt Ihr Körper einfach »nein!«. Sie dürfen das nicht ignorieren oder gar stolz die »Schmerzgrenze« überschreiten – denn dann werden Sie sich mit Sicherheit schaden.

Nutzen Sie die Fitneßeinrichtungen

Sie können natürlich jede Menge körperlicher Ertüchtigung und geistiger Entspannung betreiben, ohne sich je einer Turnhalle oder einem Sportplatz zu nähern. Aber wenn Sie eine bequeme Gelegenheit haben, dann nutzen Sie sie. Sie finden dort eine Geräteausstattung, die Sie sich nie zulegen würden, und außerdem Trainer und Berater, die mit Ihnen ein eigenes Fitneßprogramm entwickeln. Nicht zu vergessen: In den meisten solcher Vereine oder Studios herrscht ein ausgesprochen freundliches Klima und eine ansprechende Geselligkeit. Es macht einfach mehr Spaß, mit anderen zusammen zu üben.

Gefahren des Langstreckenlaufs

Eine der größten Gefahren für den Läufer ist der Verkehr. In Nordamerika sterben jedes Jahr 8000 Läufer durch Autos und 100000 erleiden dabei Verletzungen. Hierzulande mag es nicht so schlimm sein, aber immer noch gefährlich genug. Suchen Sie sich für Ihr Lauftraining verkehrsfreie Zonen und Anlagen aus, und tragen Sie vor allem bei Dunkelheit Anzüge in Leuchtfarben.

Das Herz Selbst 18jährige Läufer sind schon an Herzattacken gestorben, und bei jedem Marathonlauf erleidet mindestens einer solche Anfälle. Sie sind kein Profi und mehr gefährdet: Also hören Sie auf, wenn Sie Schmerzen und Herzklopfen bekommen oder in Atemlosigkeit geraten.

Die Brust Nicht nur Frauen bekommen wunde Brustwarzen, auch Männer. Verwenden Sie eine Wundsalbe.

Die Lungen Autoabgase sind wenig bekömmlich. Bei einem Lauf in der Stadt atmen Sie die Schadstoffe von 20 Zigaretten ein.

Der Rücken Wer lange auf festen Straßen läuft, bekommt Rückenschmerzen. Jede Stunde bedeutet für den Rücken 10000 harte Stöße. Und auf gewölbten Strecken ist die Rückenbelastung besonders schlimm, weil ein Fuß dauernd tiefer auftritt als der andere.

Der Magen Dauerläufer, die kein Maß halten, erleiden Darmbeschwerden wie Durchfall und Verdauungsstörungen.

Der Unterleib Bei manischen Läufern sinkt die Hormonausschüttung um 30 Prozent. Und bei kaltem Wetter riskieren sie Frostschäden am Penis – das ist wirklich scheußlich.

Die Hüften Zuviel Laufen, besonders auf hartem Untergrund, führt zu Arthritis.

Die Knie Das heikelste Gelenk beschert Läufern ohne Maß Muskel-, Meniskus- und Bänderverletzungen.

Die Schenkel Kniesehnen zerrt man leicht – ihre Heilung dauert Wochen. Besonders gefährlich für Gelegenheitsläufer.

Die Füße Auf harten Straßen bekommt man Blasen und Blutungen unter den Nägeln.

Die Nieren Bei Läufern, die zuviel des Guten tun, kann es zu langfristigen Problemen kommen, die wahrscheinlich auf die andauernden Vibrationen zurückzuführen sind.

Die Fesseln Bei Ermüdung oder unebener Strecke drohen Verstauchungen und Zerrungen.

Zehn Gründe
Warum ein sorgfältig vorbereitetes Laufprogramm gut ist und nicht nur gegen Streß hilft, sondern auch der Gesundheit

1. Laufen hält die Gelenke beweglich und geschmeidig und beugt späterer Arthritis vor.

2. Regelmäßiges Lauftraining stärkt das Herz, macht es belastbarer und wappnet gegen Herzattacken.

3. Durch regelmäßiges Laufen werden überflüssige Kalorien und damit Übergewicht abgebaut.

4. Muskeltonus und Muskelkraft werden durch Laufen verbessert, man ist weniger anfällig für Krämpfe.

5. Bei Magenverstimmungen, Sodbrennen und dergleichen *kann* regelmäßiges Lauftraining den Magen beruhigen und vor künftigen Beschwerden schützen. Durch den Abbau von Streß beugt Laufen auch der Entwicklung von Magengeschwüren vor.

6. Laufen hilft der Atmung, weil man lernt, es richtig zu tun.

7. Laufen in freier Luft tut der Haut gut. Der ständige Aufenthalt in geschlossenen Räumen trocknet sie aus und kann zu Ekzemen und Dermatitis führen.

8. Laufen ist gut für den Kreislauf und hilft gegen Krampfadern, Hämorrhoiden und kalte Hände und Füße.

9. Ist Ihr Job langweilig oder unbefriedigend, so kann Ihre wachsende Fitneß persönliche Genugtuung und Freude bringen.

10. Regelmäßiges Laufen verbessert das Allgemeinbefinden und vermindert die Anfälligkeit für viele Erkrankungen und Infektionen.

WARNUNG

1. Beginnen Sie kein Trainingsprogramm, ehe Sie es nicht mit einem Arzt geprüft haben. Sagen Sie ihm, wenn Sie woanders in Behandlung sind und ob Sie irgendwelche Beschwerden haben.

2. Sie müssen das Training abbrechen, sobald Sie sich matt, unwohl, schwindlig oder atemlos fühlen, wenn Sie Schmerzen bekommen oder Brechreiz haben. Wenden Sie sich sofort an einen Fachmann, und beginnen Sie erst wieder, wenn Ihr Arzt sein o. k. gegeben hat.

Beim Trainieren wird man Ärger los

Untersuchungen an der Universität von Kalifornien haben ergeben, daß die Probanden durch regelmäßiges Training nicht nur ihre Fitneß gewannen, sondern auch Aggressionen abbauten.

Trirobics

Ein gutes Trainingsprogramm sollte Spaß und Abwechslung bereiten, harte Arbeit, aber frei von Schmerzen sein. Viele Trainingsprogramme sind für Menschen erdacht, die viel freie Zeit und Energie haben und darauf brennen, Superathleten zu werden. Trirobics ist anders: ein wirklich ganzheitliches Übungsprogramm. Es ist für die Leser dieses Buches entworfen.

Trirobics ist für Menschen, die fit sein wollen, aber nicht morgens um sechs zum Joggen rennen. Es erfordert keine besondere Fitneß, sondern zeigt, wie Sie wirkungsvoll Streß bekämpfen, verspannte Muskeln lösen, das Allgemeinbefinden und die Kräfte stärken und Ihre Gesundheit verbessern können.

Wie gesagt, besteht es aus drei Teilen: Aerobics für das Herz und allgemeine Fitneß, Stretching für Beweglichkeit und Geschmeidigkeit und Krafttraining für Muskeln und Knochen.

Wie man den Puls mißt

Legen Sie die Spitzen von Zeigefinger und Mittelfinger auf die Arterie am rechten Handgelenk.

Das Trirobics-Programm

Zur Entwicklung und Stärkung Ihres Streßwiderstandes, der Ausdauer, des Kreislaufs und der Muskelkraft müssen Sie folgendes tun:

- Konsultieren Sie zuvor Ihren Arzt, und fragen Sie ihn um Rat.
- Üben Sie mindestens dreimal und höchstens fünfmal wöchentlich.
- Üben Sie jeweils zwischen 20 und 60 Minuten.
- Trainieren Sie Trirobics nie länger als fünf Stunden in einer Woche.
- Trainieren Sie jedesmal Elemente aus allen drei Trirobics-Übungsteilen.
- Wärmen Sie sich vorher immer gut auf.
- Kühlen Sie sich hinterher immer behutsam ab.
- Unterlassen Sie alles, was weh tut oder was Sie nicht gern tun.
- Hören Sie sofort auf bei Schmerzen, Atemlosigkeit, Schwindelgefühlen oder anderen Symptomen.
- Variieren Sie Ihr Übungsprogramm, damit es interessant bleibt und Sie Ihr Fitneßniveau ständig steigern.
- Setzen Sie das Training regelmäßig fort, auch wenn Sie sich fit und frei von Streß fühlen.
- Während des Aerobic-Teils sollten Sie den Pulsschlag je nach Alter in folgender Spanne halten:

Alter	*Pulsschlag*
15–19	120–180
20–24	115–175
25–29	115–170
30–34	110–165
35–39	105–160
40–44	105–155
45–49	100–150
50–54	95–145
55–59	95–140
60–64	90–135
65–69	90–135
70–74	80–130
75+	80–125

Trirobics – das Ausdauerprogramm

Wer ist wohl am fittesten: Ein fünfundzwanzigjähriger Trapezkünstler, der täglich einige Stunden durch die Luft wirbelt und die Glieder verrenkt? Ein fünfundzwanzigjähriger Bodybuilder, der täglich eine Stunde Gewichte stemmt und seine Muskeln trimmt? Oder ein Fünfundzwanzigjähriger, der sich nie in ein Fitneßstudio bewegt, aber täglich mit dem Rad fünf Kilometer zur Arbeit fährt?

Der Mann mit dem Fahrrad ist mit Sicherheit der gesündeste unter den dreien und auch am besten gerüstet, sich gegen physische und psychische Erkrankungen erfolgreich zu behaupten.

Fitneß ist die Fähigkeit, harte körperliche Arbeit zu leisten, ohne zu erlahmen, zu ermatten oder zu ermüden. Sie hängt von der Kondition des *ganzen* Körpers ab – Herz, Lungen und Muskeln.

Mit reiner Muskelkraft oder Behendigkeit hat das nichts zu tun. Jede Tätigkeit verlangt Energie, die der Körper durch Nahrung erhält. Aber Ernährung allein genügt nicht, der Körper braucht auch Sauerstoff, um die Nahrung in Energie umzusetzen.

Er kann Nahrung auf Vorrat legen, aber nicht Sauerstoff. Deshalb hängt beim Training die Fitneß des Körpers von seiner Fähigkeit ab, rasch genügend Sauerstoff aufzunehmen, um Muskeln, Organe und Gewebe unter Belastung damit zu versorgen.

Die Lungen atmen den Sauerstoff ein, das Herz pumpt das angereicherte Blut durch die Adern, und das Kreislaufsystem muß kräftig entwickelt sein, damit der Sauerstoff rasch zu allen Gefäßen gelangt. In Ruhestellung hat der Körper kaum Probleme mit der Sauerstoffversorgung. Aber sobald Sie zu rennen beginnen oder sich körperlich anstrengen und nicht fit sind, geraten Sie in Atemnot, spüren schmerzlich Ihre Muskeln und sind ziemlich schnell erschöpft.

Sie mögen sagen, daß Sie nicht fit sein müssen, weil Sie die meiste Zeit am Schreibtisch, im Auto oder vor dem Fernseher sitzen. Dennoch: Sie brauchen das, denn Ihr Körper ist dazu gemacht, beansprucht zu werden, und wenn Sie ihn nicht fordern, verkümmert er schnell: Die Lungen arbeiten zu wenig, das Herz wird matt, die Muskulatur schlaff und der Kreislauf träge. Ihr Körper verliert an Fähigkeit, Organe und Muskeln nach Bedarf mit Sauerstoff zu versorgen und mit physischen und mentalen Belastungen fertig zu werden.

Denn nicht nur physische Gefahren fordern den Körper. Mentale Probleme wie Streß und Ängste tun es ebenso, und wenn Sie körperlich nicht fit sind, macht Sie schon ein Hauch von Streß müde und krank, eine ernste Situation kann gar ernstlich schaden.

Meine gute Nachricht heißt: Auch wenn Sie sich bisher vernachlässigt haben, können Sie Ihre körperliche Fitneß wiederherstellen und Ausdauer aufbauen. Folgen Sie nur dem richtigen Übungsprogramm.

Die Trirobics-Übungen zum Ausdauertraining wurden ausgewählt, weil sie die Stärke des Herzens, die Transportkapazität der Blutgefäße, den Muskeltonus, die Lungenkraft und die gesamte Sauerstoffversorgung des Körpers verbessern.

Dabei gibt es noch einen Zusatzbonus: Sie werden besser entspannen, besser schlafen und besser mit Streß und Arbeit fertig werden. Und es tut Ihrem Selbstbewußtsein und Ihrer Selbstsicherheit gut, fit und kräftig zu werden.

Sie werden bemerken, daß das Ausdauerprogramm weder isometrische noch gymnastische Übungen enthält: Sie sind zur Lockerung der Muskeln und steifer Gelenke wie für Muskelkraft und Tonus von Nutzen, aber sie bauen keine Ausdauer auf. Kurze und anspruchslose Übungen können das nicht leisten.

Wenn Sie Sprints üben, kommen Sie rasch außer Atem – Herz und Lunge können dem Sauerstoffbedarf nicht genügen, und Sie müssen Pausen einlegen. Wenn Sie sich auf fünf Minuten Spaziergang beschränken, fordern Sie Ihren Körper nicht und tun damit für Ihre Ausdauer überhaupt nichts.

Um körperliche Ausdauer aufzubauen, müssen Sie regelmäßig und gleichmäßig so üben, daß Herz und Lungen gezwungen sind, mehr und effizienter zu arbeiten, um das Gewebe mit Sauerstoff zu versorgen.

Aber übernehmen sollen Sie sich auch nicht, zu viel Training kann das Herz überanstrengen oder Ihren Gelenken schaden. Als seinerzeit das Jogging populär wurde, stampften viele Enthusiasten stundenlang über die Straßen und landeten mit schmerzenden Rücken und Hüften, Knien und Fesseln sowie Fußproblemen im Krankenhaus.

Ziel des Ausdauertrainings ist es, Ihre allgemeine Fitneß zu verbessern und nicht, Sie abzuwracken oder zum Medaillenanwärter hochzupushen. Auch das würde Ihre Gesundheit aufs Spiel setzen. Die Übungen sollen vielmehr den Sauerstoffbedarf steigern und den Herzschlag erhöhen.

Wenn der Puls auf etwa 150 steigt (oder die obere Zahl Ihrer Altersrate erreicht), dann zieht der Körper sehr schnellen Nutzen – schon nach fünf Minuten Übung. Wenn der Puls nicht ganz so hoch steigt, wirkt es auch, aber Sie müssen länger üben. Soviel zur Theorie – und nun zur Praxis.

1. Sie müssen das Ausdauertraining mindestens zweimal in der Woche absolvieren und nicht mehr als fünfmal. Dreimal mit je einem Tag Pause ist am besten.

2. Jeder Übungsabschnitt sollte mindestens zehn Minuten dauern. Zumindest sollten Sie am Ende ins Schwitzen kommen und ein bißchen außer Atem sein.

3. Sie können sich mit der Auswahltabelle Ihr eigenes Übungsprogramm zusammenstellen. Sie zeigt den Punktwert der verschiedenen Übungen. In der Woche sollten Sie auf 70 Punkte kommen und sich auf 100 Punkte steigern. Die Entfernungen fahren Sie der Einfachheit halber vorher mit dem Auto oder Fahrrad ab und messen die Distanzen.

4. Vor dem Ausdauertraining müssen Sie die Muskeln wärmen und die Gelenke lockern, sacht und behutsam; und hinterher ebenso abkühlen. Am besten wählen Sie dabei jeweils die passende Bewegungsart – zum Beispiel Gehen vor dem Laufen und danach.

Auswahltabelle Ausdauer

1. Laufen (auf ebener Strecke oder einem Laufgerät)

1500 Meter in 20 Minuten	3 Punkte
1500 Meter in 15 Minuten	6 Punkte
1500 Meter in 12 Minuten	9 Punkte
1500 Meter in 10 Minuten	12 Punkte
1500 Meter in 8 Minuten	15 Punkte

Wenn Sie längere Strecken laufen, rechnen Sie die Punkte entsprechend aus. 3000 m in 20 Min. sind z. B. 24 Punkte. Hinweis: Wenn Sie beim Laufen müde werden, halten Sie ein und gehen ein wenig. Auch mit dem Intervalltraining Laufen/Gehen können Sie Punkte sammeln.

2. Gehen (ebene Strecke)

1500 Meter in 20 Minuten	3 Punkte

Keine Punkte, wenn Sie langsamer sind; aber 5 Punkte für jede volle Stunde, auch wenn Sie mit Unterbrechungen zum Beispiel beim Golf gehen.

3. Schwimmen

500 Meter in 15 Minuten	15 Punkte

4. Radfahren (ebene Strecke)

a) Rennrad

3000 Meter in 12 Minuten	3 Punkte
3000 Meter in 8 Minuten	6 Punkte
3000 Meter in 6 Minuten	9 Punkte

b) Mountain Bike

3000 Meter in 20 Minuten	3 Punkte
3000 Meter in 14 Minuten	6 Punkte
3000 Meter in 10 Minuten	9 Punkte

5. Seilspringen

10 Minuten 10 Punkte

6. Aerobische Übungen

a) Für Anfänger: 60 Minuten 8 Punkte
b) Für Fortgeschrittene: 60 Minuten 10 Punkte
c) Für Könner: 60 Minuten 15 Punkte

7. Squash, Tennis, Fußball, Basketball etc.

60 Minuten 15 Punkte

Trirobics für die Elastizität

Elastizität ist ein Hauptziel des Trirobic-Programms. Wenn Sie sehr steif sind, fallen Ihnen nicht nur die Bewegungen schwer, sondern es wächst auch die Gefahr von Verletzungen, Muskelbeschwerden und Rückenschmerzen. Ein ganzer Tag am Schreibtisch: Das dehnt die Rükkenmuskulatur, läßt die Brustmuskeln schrumpfen und die Schultern hängen. Bei Frauen mit einer Vorliebe für hohe Absätze werden die Achillessehnen kürzer: Sobald sie in flachen Schuhen laufen, spüren sie die überanstrengten Sehnen.

Ständiges Sitzen führt zu einer Verkürzung der Kniesehnen in den Schenkeln. Rückenschmerzen sind häufig dadurch verursacht, daß verkrampfte Kniesehnen das Becken nach vorn ziehen und damit die Wirbel des unteren Rückgrats schrägstellen.

Mit ein paar Minuten Stretching in der Woche fallen Ihnen die Ausdauerübungen leichter, Haltung und Befinden bessern sich erheblich, und das Risiko von Muskel- und Gelenkverletzungen wird geringer. Außerdem wirken die Streckübungen bei vielen sowohl körperlich wie mental beruhigend. Vergessen Sie aber nicht: Stretching ist kein Ersatz für die Übungen zum Aufwärmen.

Die folgenden einfachen Übungen zur Elastizitätssteigerung sollen sacht und sorgfältig ausgeführt werden. Erzwingen Sie nichts – schon gar nicht, indem Sie mit »Ruckeln« nachhelfen! Sie werden nur Nutzen daraus ziehen, wenn Sie sich langsam und allmählich strecken und dann die Position für einige Augenblicke einhalten.

Wenn Sie eine besondere Sportart betreiben – Tennis, Laufen oder Golf zum Beispiel –, dann können Sie sich für die dabei beanspruchten Muskeln und Gelenke eigene Streckübungen ausdenken. Bei Golfern ist die Beweglichkeit von Körper und Nacken besonders wichtig, Läufer brauchen elastische Schultermuskeln und flexible Kniesehnen.

1. Für die Elastizität im unteren Rücken und der Kniesehnen

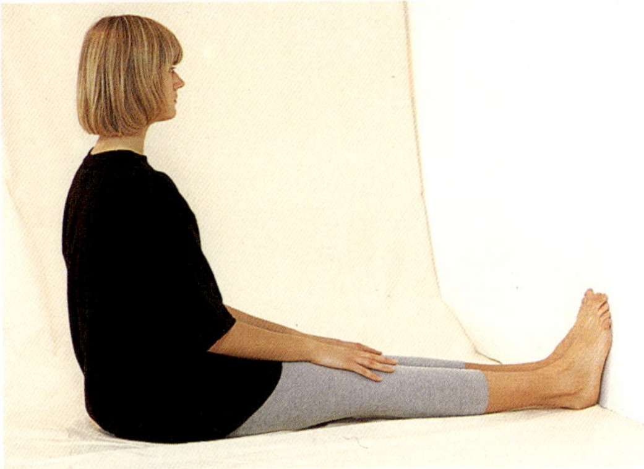

Setzen Sie sich mit ausgestreckten Beinen zu Boden. Die Knie sind locker, die Füße berühren die Wand, und die Hände liegen auf den Knien.

Beugen Sie sich langsam nach vorn, und versuchen Sie, die Wand zu berühren. In der äußersten Position halten Sie inne und zählen bis fünf.

Setzen Sie sich wieder zurück, und entspannen Sie bis fünf. Dann wiederholen Sie die Übung fünfmal.

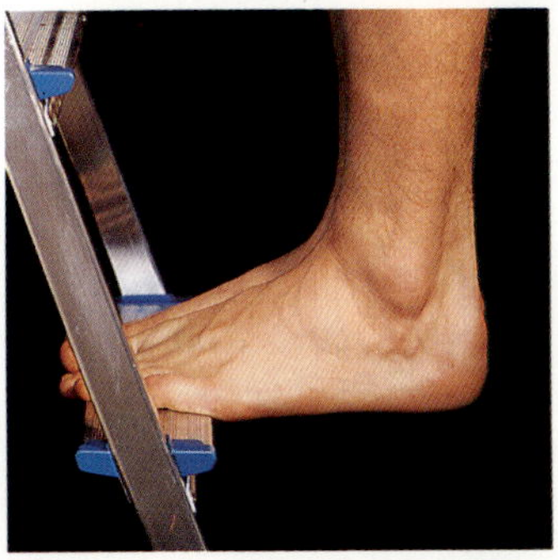

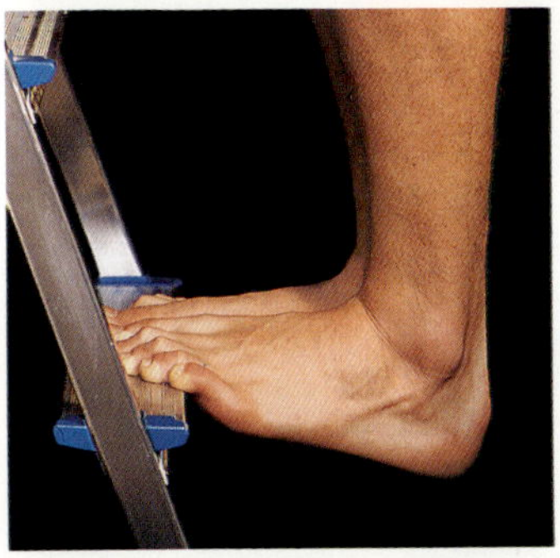

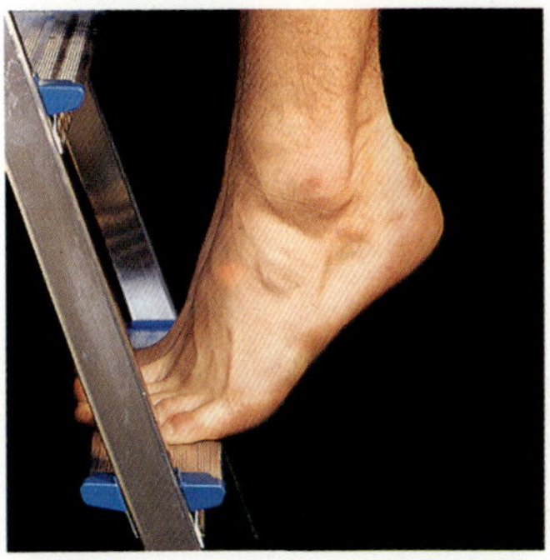

2. Für die Elastizität der Achillessehnen und Wadenmuskeln

Stellen Sie sich mit den Fußspitzen auf den Rand einer Stufe. Senken Sie die Fersen tiefer, und zählen Sie in dieser Position bis fünf. Dann heben Sie sich höher und zählen wieder bis fünf. Das ganze fünfmal wiederholen.

Trirobics zur Stärkung von Muskeln und Knochen

Bisher war man der Meinung, Gewichtheben sei von geringerem Wert und nur für Muskelpakete tauglich. Da ist schon etwas dran: Man stattet die Karosserie besser aus, aber man steigert nicht die Motorleistung. Inzwischen hat sich aber auch eine unerwartete Nebenwirkung bestätigt: Gewichtheben erhöht nicht nur den Muskelumfang, sondern kann auch die Stärke und Belastbarkeit der Knochen verbessern und damit die Gefahr von Brüchen vermindern und einen beachtlichen Schutz gegen Krankheiten wie Osteoporose bieten.

Sogar ältere Menschen können aus Hanteltraining Nutzen ziehen. Eine amerikanische Studie aus Boston hat belegt, daß zehn recht gebrechliche 90jährige nach acht Wochen Training ihre Muskelstärke fast verdoppelt und ihre Beweglichkeit erheblich verbessert hatten. Da Muskelschwäche bei Stürzen älterer Menschen eine wesentliche Rolle spielt, ist Gewichttraining eine ausgezeichnete Vorbeugung gegen verhängnisvolle Unfälle.

In fast allen Orten findet man heutzutage gut ausgestattete Studios, in denen Sie unter fachkundiger Anleitung lernen können, wie man mit diesen Geräten die Muskelkraft verbessern kann. Ich empfehle Ihnen, ein solches Studio aufzusuchen und dort ein abwechslungsreiches, aber regelmäßiges Übungsprogramm aufzunehmen. Üben Sie, bis Sie sich müde fühlen – aber nicht bis zur Schmerzgrenze oder gar darüber hinaus.

Wenn kein solches Studio in der Nähe ist, können Sie sich ein Paar Hanteln kaufen: Lassen Sie sich über das angemessene Gewicht von einem Fachmann beraten. Halten Sie bei den Übungen Körper und Kopf möglichst ruhig, und gehen Sie kein Risiko ein. Wenn Sie mit den Hanteln über Kopf und Körper arbeiten, dürfen Sie nicht schlapp sein, denn Sie müssen die Gewichte immer sicher absetzen können.

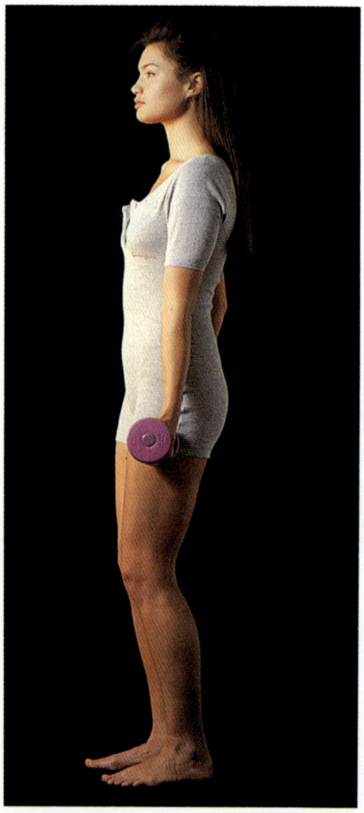

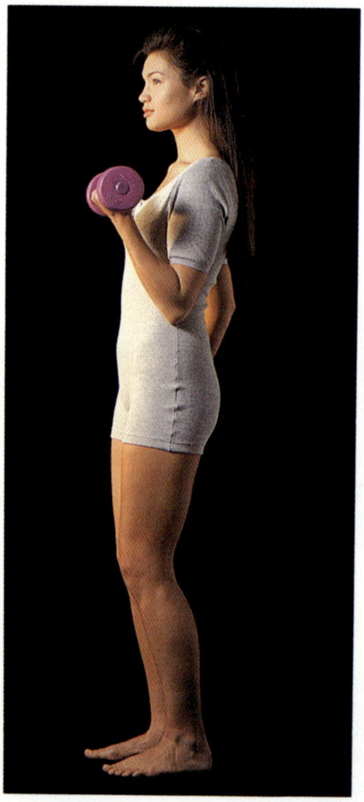

1. Für die vorderen Oberarmmuskeln

Sie stehen mit leicht gespreizten Füßen und sacht gebeugten Knien und halten eine Hantel in jeder Hand.

Nur mit der Kraft des Arms heben Sie jetzt die rechte Hantel zur Schulter. Dann senken Sie sie langsam ab und wiederholen das gleiche mit dem linken Arm.

2. Für die Muskeln in Schultern und Rücken

Legen Sie sich auf den Bauch, und strecken Sie die Arme gerade zur Seite. Die Handflächen mit den Hanteln weisen zu Boden.

Dann heben Sie die Arme so hoch es geht – und senken sie langsam wieder ab. Wiederholen.

3. Für die Schultermuskeln

a) Sie liegen flach auf dem Rücken. Die Arme sind zur Seite gestreckt, die Ellbogen im rechten Winkel nach oben, die Handflächen weisen aufwärts.

Heben Sie die Hantel in der rechten Hand nach oben und abwärts neben die Hüfte. Oberarm und Ellbogen bleiben auf dem Boden. Führen Sie den rechten Arm wieder zurück, und wiederholen Sie dann mit dem linken Arm.

b) Sie stehen mit leicht gespreizten Füßen und lockeren Knien. Ihre Hände mit den Hanteln hängen einwärts an den Seiten herab. Dann heben Sie gleichzeitig beide Arme seitwärts in die Horizontale – und senken sie langsam wieder ab. Wiederholen.

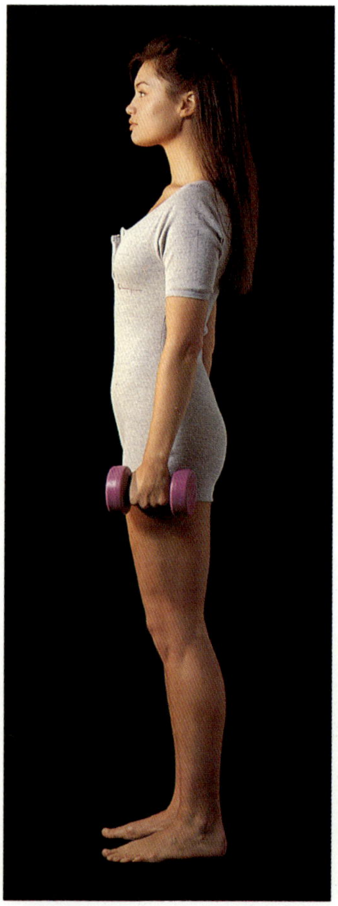

c) Sie stehen wieder mit gespreizten Füßen und gelockerten Knien. Die Hände hängen mit den Hanteln einwärts zur Seite herab. Dann heben Sie mit beiden Armen zugleich die Hände vorwärts in die Horizontale – und senken sie langsam wieder ab. Wiederholen.

d) Standposition wie zuvor: Füße leicht gespreizt, Knie leicht gebeugt, die Hände zu den Seiten – die Hanteln zeigen nach hinten. Dann führen Sie die Arme gleichzeitig so hoch es geht nach hinten – aber ohne den Körper zu beugen. Absenken – und wiederholen.

WARNUNG

Wenn Sie sich mit Aerobics auskennen: Dies sind *Low-impact*-Übungen, nicht *High impact*. Der Unterschied ist einfach. Bei *low impact* bleibt immer ein Fuß auf dem Boden, während *high impact* mit Hüpfen und Springen verbunden ist und dadurch Stoßbelastungen entstehen, die zu Frakturen und Verletzungen führen können. (Nach einer Erhebung in 28 Fitneßzentren hat sich jeder zweite bei *High-impact*-Übungen verletzt!) Ihre Ausdauerfähigkeit können sie aber mit *Low impact* genausogut aufbauen!

4. Für die Muskulatur von Schultern und Rücken

Sie liegen auf dem Rücken mit seitwärts gestreckten Armen. Halten Sie die Hanteln nach oben, und führen Sie sie mit den Armen aufwärts, bis sie sich berühren. Dann absenken – und wiederholen.

5. Für die Muskeln in Rücken, Schultern und hinteren Oberarmen

Sie sitzen auf einem Hocker oder Stuhl und halten die Hanteln in Schulterhöhe mit den Handflächen nach vorn. Drücken Sie die rechte Hand hoch zur vollen Armstreckung. Dann langsam herunter und das gleiche mit links.

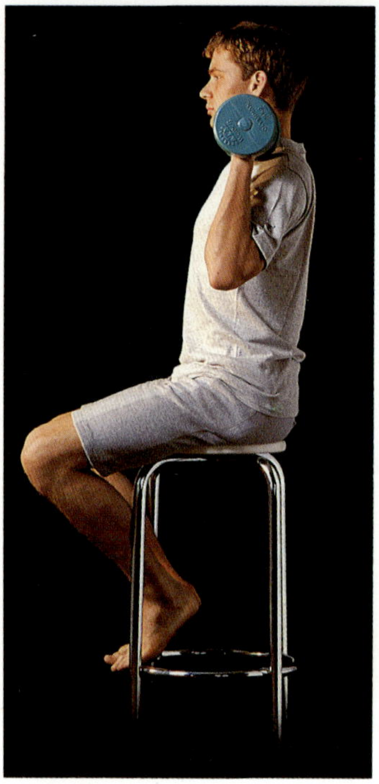

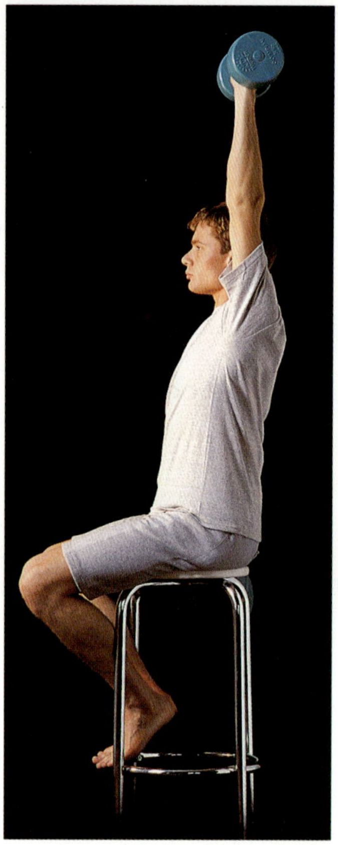

Mix & Match

Sie haben mehr Spaß an Trirobics, wenn Sie Ihre Ausdauerübungen an jedem Tag wechseln und das Programm variieren.

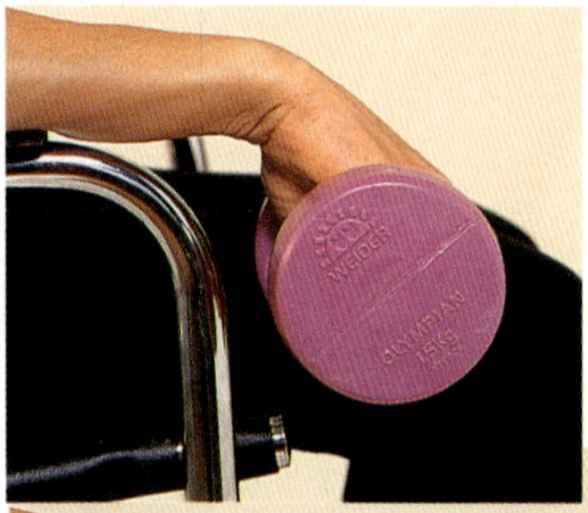

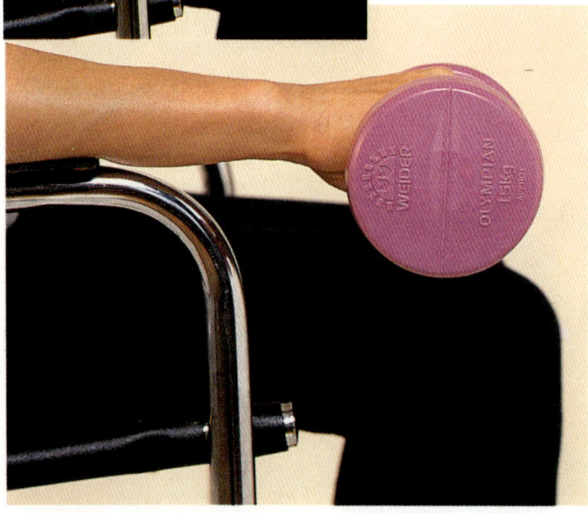

6. Für die Muskeln in Unterarm, Handgelenk und Händen

a) Setzen Sie sich auf einen Stuhl mit Armlehnen. Legen Sie die Unterarme auf, und lassen Sie die Hände mit den Hanteln aus den Gelenken nach unten hängen. Dann heben Sie die Hantel rechts aus dem Gelenk hoch – und lassen sie wieder sinken. Und das gleiche links. Und wiederholen.

b) Üben Sie das gleiche mit aufwärts gerichteten Handflächen.

7. Für die Muskeln von Brust und Unterarmen

a) Sie liegen auf dem Rücken und strecken die Hanteln über sich in die Luft. Dann senken Sie die Hanteln zur Brust und strecken sie wieder empor. Das wiederholen Sie, so oft es, ohne weh zu tun, gelingt.

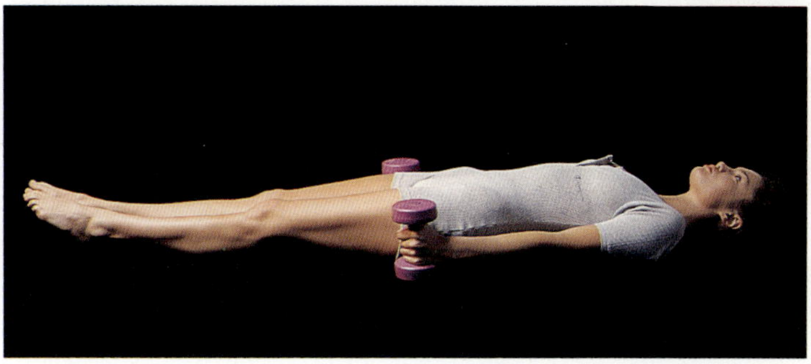

b) Sie liegen auf dem Rücken und strecken die Hanteln über sich in die Luft. Dann senken Sie die Hanteln mit gestreckten Armen vorwärts zu Boden und heben sie wieder empor. So oft es eben geht.

8. Für die Muskulatur der Körperseiten

a) Sie stehen mit leicht gespreizten Füßen und lockeren Knien und halten in der rechten Hand eine Hantel.

b) Beugen Sie sich so tief nach rechts, wie Sie können; und richten Sie sich wieder auf. Beugen Sie sich ebenso tief nach links, und richten Sie sich wieder auf. Dann wechseln Sie die Hantel in die andere Hand und wiederholen das Ganze öfter.

9. Für die Bauchmuskulatur

Sie liegen mit gebeugten Knien und flach aufgesetzten Füßen auf dem Boden und halten mit beiden Händen über der Brust eine Hantel. Führen Sie das Kinn zur Brust, und heben Sie sich zur sitzenden Position. Dann lassen Sie sich langsam zurücksinken und wiederholen den Ablauf. Wahrscheinlich ist es gut, wenn zunächst jemand Ihre Füße festhält. Oder: Sie schieben sie z. B. unter eine Kommode.

10. Für die Muskulatur der Schenkel

Sie stehen mit leicht gespreizten Füßen und lockeren Knien. Die Arme hängen herab, und jede Hand hält eine Hantel. Mit gestrecktem Rücken beugen Sie sich nun in den Knien, bis Ihre Schenkel parallel zum Boden stehen – aber Vorsicht! Dann gehen Sie wieder hoch und wiederholen die Übung.

WARNUNG
Es ist eine böse Mär, daß man sich nur unter Schmerzen Gutes antut. Schmerz ist das Stoppsignal Ihres Körpers! Wenn Sie es ignorieren, schaden Sie sich nur.

11. Für die Wadenmuskeln

Mit den Fußspitzen stehen Sie auf einem dicken Buch, Ihre Knie sind leicht gebeugt, und die Fersen berühren den Boden: in jeder Hand eine Hantel. Heben Sie sich jetzt von den Fersen empor, und senken Sie sich wieder ab – so oft es geht.

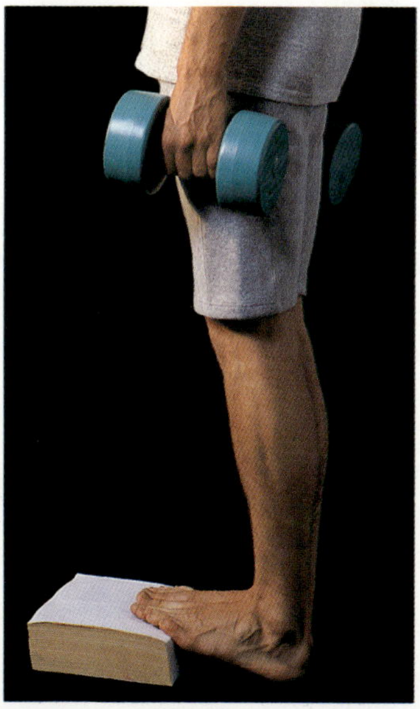

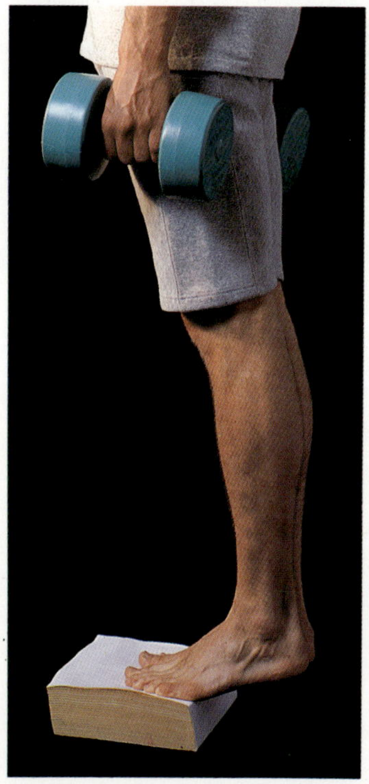

KAPITEL ELF

Alternative Streßtherapien – mit Erfolg

In den letzten Jahren sind eine Menge alternativer Heilverfahren zur Behandlung streßbedingter Störungen propagiert worden. Wie bei konventionellen Methoden gibt es dabei solche, die wirken, und andere, die wenig taugen. Aber anders als da, sind die Nebenwirkungen gewöhnlich gering und vorübergehend. Ich habe die bekanntesten der alternativen Streßbehandlungen ausgewertet: Sie können sich selbst ein Bild machen, welche gut oder schlecht oder einfach wirkungslos sind.

Vor allem müssen Sie sich dabei vor Augen halten: Nicht jeder, der solche Heilverfahren praktiziert, ist dafür wirklich ausgebildet oder qualifiziert. Das boomende Interesse an alternativen Methoden hat dazu geführt, daß man sich höchst wohlklingende Diplome auch per Post verschaffen kann. In vielen Teilen der Welt kann man durch Fernkurse »anerkannter« Hypnotherapeut oder in einem Wochenendseminar zum »approbierten« Akupunkteur werden. Es ist sogar möglich, daß jemand am Freitagabend das Büro verläßt, ein Beratungszimmer einrichtet, in der Zeitung annonciert und am Montag früh ohne jede Ausbildung eine Behandlungspraxis eröffnet.

Alternative Therapeuten verstehen sich im allgemeinen ganz gut darauf, Ängste, Erschöpfung und streßbedingte Störungen zu behandeln.

Der beste Weg, einen seriösen und tüchtigen Heilpraktiker zu finden, führt noch immer über die Mundpropaganda. Fragen Sie Ihre Verwandten und Bekannten, bitten Sie Ihren Hausarzt um eine Empfehlung. Er kennt sich in aller Regel aus und wird Ihnen einen Tip geben können.

Den richtigen Heilpraktiker finden

Ein Problem ist sicher, daß viele der alternativen Heilmethoden von Heilpraktikern angewandt werden, deren Ausbildung nicht einheitlich geregelt und deren Können deshalb recht unterschiedlich einzuschätzen ist. Manche von ihnen sind sehr vertrauenswürdig und gut ausgebildet, verantwortungsvoll und sich ihrer Grenzen bewußt. Anderen geht es nur um Ihr Geld. Also fragen Sie umher. Sie können sich auch an den Fachverband Deutscher Heilpraktiker, Maarweg 11, 5300 Bonn, Tel. 611049, wenden und um eine Adressenliste bitten (bitte frankierten Umschlag beilegen).

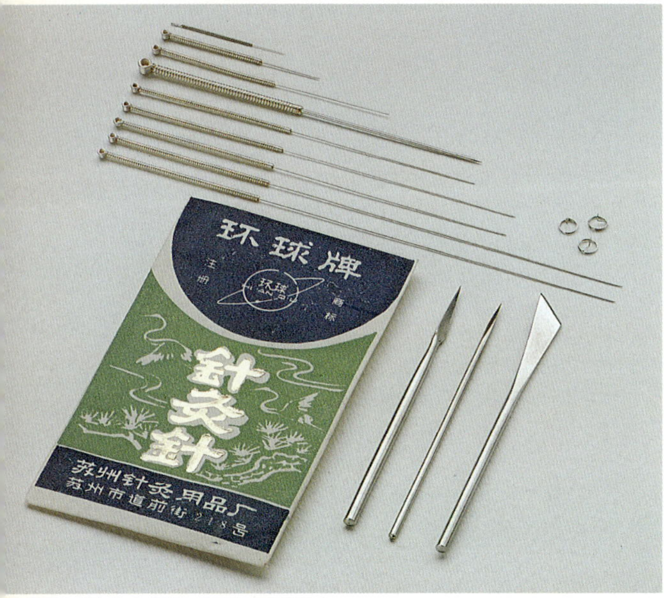

Akupunkturnadeln variieren nach Länge und Durchmesser.

Akupunktur

Es klingt vielleicht seltsam, daß der Einstich einer silbernen Nadel in die Haut Arthritis heilen soll – ist es aber nicht. Akupunktur ist eines der ältesten und bewährtesten medizinischen Verfahren und steht jenseits aller Zweifel. Hinterhofpraxen und kläglich geschulte Heiler haben die Akupunktur in ein schlechtes Licht gestellt. Aber in der Anwendung durch einen perfekt ausgebildeten Fachmann ist es eine sichere und bemerkenswert wirkungsvolle Technik.

Auch wenn es weit hergeholt scheint: Man führt die Entstehung der Akupunktur auf die Erfahrung früher Krieger zurück, die bei der Verletzung durch scharfe Pfeile entdeckten, daß ihre Wunden zwar schmerzhaft waren, in der Folge aber lange bestehende Muskel- und Knochenschmerzen vollständig verschwanden. Sie schlossen auf eine Verbindung zwischen ihren Verletzungen und dem Verschwinden dieses Leidens – fraglos eine frühe Arthritis – und lernten, wie und wo sie die Stiche mit scharfen Pfeilspitzen ansetzen mußten, um die behindernden Schmerzen loszuwerden.

Die Wissenschaft von der Akupunktur war geboren und wurde allmählich verfeinert. In der Bronzezeit vor 4000 bis 5000 Jahren benutzte man dazu Nadeln aus Bronze, und in China wurde die Akupunktur vollends entwickelt – mit Nadeln aus Gold, Silber, Holz, Bambus oder auch Knochen. In der traditionellen chinesischen Medizin geht man davon aus, daß das menschliche Leben durch eine energetische Kraft gelenkt wird, die man Chi nennt. Diese Energie fließt in zwölf Hauptmeridianen oder Bahnen durch den Körper. Wenn eine der Bahnen blockiert wird, erlahmt oder stockt der Energiestrom, und der Mensch wird krank. Die Methode der Akupunktur macht sich zunutze, daß es am Körper etwa 1000 Punkte gibt, über die man Zugang zum inneren Energiefluß erhält – so ähnlich wie die Einstiegsluken an einer Pipeline, durch die man Blockierungen im Ölstrom beseitigen kann.

Ehe sie versuchen, den Energiefluß wieder freizusetzen, stellen geübte Akupunkteure genau wie konventionelle Ärzte auch eine Diagnose. Besonders wichtig ist bei dieser Untersuchung der Pulsschlag: Chinesische Experten können zwölf verschiedene Pulsrhythmen unterscheiden. Die Nadeln werden heute in der Regel aus Edelstahl oder Kupfer hergestellt; ihre Länge variiert von gerade einem bis zu 15 Zentimetern, der Durchmesser beträgt um 0,02 Millimeter. Natürlich müssen sie sorgfältig sterilisiert sein, damit Krankheiten wie Hepatitis oder Aids nicht übertragen werden können.

Zweifellos ist die Wahl des richtigen Punktes entscheidend, aber nicht der Einstich selbst ist wichtig. Der Winkel, in dem die Nadel angesetzt, wie sie gedreht, gesenkt oder gehoben und wie lange sie gesetzt wird – das macht das eigentliche Resultat aus. Bei der modernen Elektroakupunktur werden die Nadeln zusätzlich durch schwache Ströme aktiviert. Gelegentlich bedienen sich Akupunkteure auch einer Methode, die Moxibustion heißt. Dabei werden getrocknete und zerstoßene Blätter von chinesischem Wermut oder Beifuß direkt auf den Punkten abgebrannt. Moxibustion – eine strikt lokale heiße Auflagebehandlung – soll dem Energiefluß Tonus verleihen und wird häufig bei Arthritis angewandt.

Auf welche Weise Akupunktur wirkt, ist noch immer ein Rätsel. Westliche Wissenschaftler meinen, sie blockiere die Bahnen, auf denen normalerweise die Schmerzimpulse weitergeleitet werden. Andere meinen, sie rege die Ausschüttung von Endorphinen an – natürlichen, körpereigenen, schmerzlindernden Hormonen, ähnlich wie Morphine. Die traditionelle Akupunktur sagt einfach, das müsse man gar nicht begreifen: Es zähle nur, daß sie wirkt.

Kaum einen Zweifel gibt es, daß sie häufig sehr gut wirkt. Vier amerikanische Chirurgen haben 1974 aus New York von einer Akupunkturbehandlung an über 300 Patienten berichtet. Nach ihrer Feststellung war sie in mehr als drei Viertel der Fälle eines der wirkungsvollsten Heilverfahren gegen Arthritis.

Schon vor reichlich zehn Jahren hat die Weltgesundheitsorganisation WHO befunden, daß »das schiere Gewicht der Belege verlange, Akupunktur als medizinisches Verfahren von erheblichem Wert ernst zu nehmen«. WHO stellte eine Liste von Leiden auf, denen durch Akupunktur beizukommen ist:

- Akute Nebenhöhlenentzündung und Mandelentzündung
- Asthma und akute Bronchitis
- Zahnschmerzen
- Gastritis und Magengeschwüre
- Kopfschmerz und Migräne
- Schultersteife (Periarthritis) und Tennisarm
- Rückenschmerzen
- Arthritis

Ein guter Akupunkteur kann bei vielen streßbedingten Leiden sicher und wirkungsvoll Hilfe geben. Doch unseligerweise tummeln sich auf diesem Gebiet zu viele halbgebildete Amateure – auch Ärzte – mit Wochenendzertifikaten, die die Akupressur in Verruf gebracht und ihre Patienten auch schon gefährdet haben.

Akupunktur ist genauso schwierig wie andere medizinische Disziplinen auch. Die Weltgesundheitsorganisation WHO hat konstatiert, daß die ständigen Vorbehalte des medizinischen Establishment (oft Hand in Hand mit der Arzneimittelindustrie, die sich aus kommerziellen Gründen gegen die sanfte Heilweise Akupunktur stellt) Schuld daran tragen, daß Dilettanten hier soviel Unheil anrichten können.

Sollte Ihr Arzt über Akupunktur und Akupressur zu wenig Bescheid wissen, können Sie bei der Deutschen Akademie für Akupunktur/Aurikulo-Medizin, 8000 München 60, Feinhalsstr. 8, eine Liste von Akupunkturärzten anfordern (bitte mit Rückporto).

Akupressur

Manche Medizinhistoriker glauben, daß die Meridiane der Akupunktur seinerzeit nicht mit Nadeln, sondern mit den Fingerspitzen herausgefunden wurden. Das Ziel der Akupressur ist das gleiche, nämlich den Energiefluß in den Meridianen anzuregen, Blockierungen aufzuheben und »leere« Bahnen wieder mit Energie zu füllen.

Akupressur ist eine Art Kombination von Akupunktur und Massage und verwandt mit Shiatsu. Der Therapeut übt mit den Fingerspitzen einen starken Druck auf spezifische Körperstellen aus, wobei freilich umstritten ist, welcher Punkt bei bestimmten Symptomen der jeweils richtige ist. Weil Akupressur so einfach und nur Behandlung von außen ist, sind Nebenwirkungen äußerst selten. Sie taugt vor allem zur Schmerzbehandlung und bei allen streßbezogenen Störungen. Sie eignet sich zur Selbstbehandlung, wenn Sie folgende Hinweise beachten:

1. Benutzen Sie nur die Fingerspitzen, und pressen Sie sehr fest.

2. Die wirkungsvollsten Akupressurpunkte scheinen um Kopf und Hals zu liegen. Durch eine Fingermassage der Wangenmitte, der äußeren Augenwinkel und des Stirnzentrums zwischen den Augen läßt sich eine ganze Spannbreite von Krankheitserscheinungen lindern.

3. Zur Befreiung von Schmerzen müssen Sie die Akupressurpunkte des Gewebes zwischen Daumen und Zeigefinger beider Hände massieren.

4. Die medizinische Wissenschaft hat nachgewiesen, daß anregende Massage fast überall am Körper zur Ausschüttung von Endorphinen führt – beruhigenden und schmerzstillenden Hormonen. Experimentieren Sie also selbst,

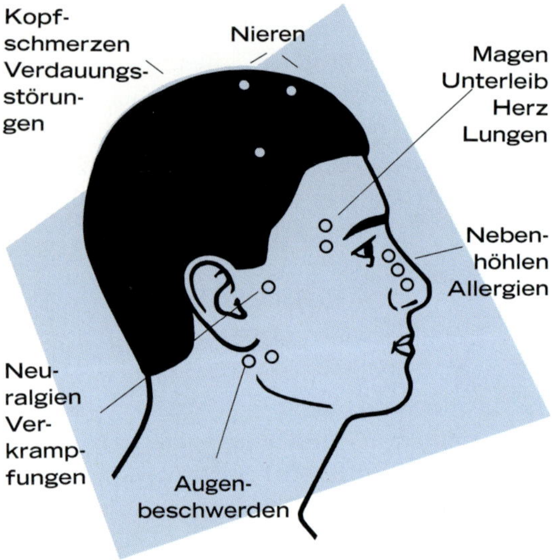

Oben und unten: Akupressurpunkte bei bestimmten Beschwerden

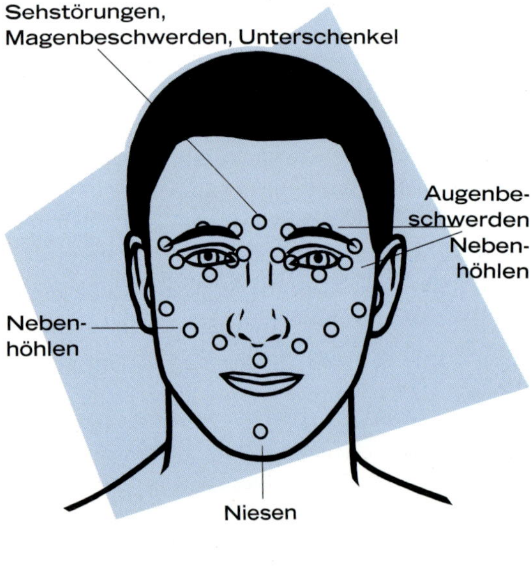

aber pressen Sie niemals schmerzende Punkte oder an infizierten, entzündeten oder verletzten Stellen.

Massage

Massage ist schon seit vielen tausend Jahren weitverbreitet und von viel größerem Wert, als sich die meisten vorstellen. Massage hilft, Spannungen zu lösen, verkrampfte Muskeln zu glätten und Schmerzen zu beheben.

1. Durch Massage lassen sich die »Knoten« lösen, die sich in Ihren Muskeln bei Angstgefühlen, Verspannung und Streß bilden. Wenn Sie sich angespannt fühlen, sind Ihre Muskeln als natürliche Reaktion des Körpers auf Streß gestrafft: Er macht Sie bereit, zu kämpfen oder davonzulaufen. Damit lassen sich die meisten Probleme heutzutage nicht mehr lösen, und darum hilft die Muskelreaktion überhaupt nicht. Schlimmer noch ist, daß diese Muskelspannung genauso lange anhält, wie Ihre Probleme und der Streß fortdauern; die Muskeln bleiben »verknotet«, und Abfallprodukte wie Milchsäure lagern sich darin ab. Deren Ansammlung wiederum macht die Muskeln steif, schmerzhaft und hindert sie an der Entspannung. Meist sind von dieser Verspannung vor allem die Muskeln in Nacken, Schultern und Rücken betroffen und darum besonders dankbar für eine Massage. Sie hilft, die angesammelten Abfälle abzuräumen, und beseitigt sehr wirkungsvoll die Versteifung der Muskulatur.

2. Auch der Körperkontakt als ein naturgemäßer Bestandteil der Massage ist eine große Hilfe. Die meisten von uns berühren einander kaum. Die gesellschaftlichen Regeln lassen es meist nicht zu, daß sich Fremde in der Öffentlichkeit berühren, und in manchen Ländern müssen sich sogar Freunde und Liebende in ihrer körperlichen Zuneigung zurückhalten. Aber wir brauchen Körperkontakte und Liebkosungen, sie sind ein menschliches Bedürfnis. Kinder, denen sie vorenthalten werden, entwickeln alle möglichen emotionalen Probleme. Eine sanfte Massage gewährt uns Zuneigung und Geborgenheit und entfernt dadurch Spannung und Streßschmerzen aus den Muskeln.

3. Massage stimuliert die körpereigene Endorphinproduktion – das sind die schmerzlindernden Hormone.

4. Massage läßt auch sensorische Impulse entstehen, die dann die Übertragung von Schmerzsignalen blockieren. Das angenehme Gefühl bei einer Massage bedeutet schlicht, daß das Gehirn keine Schmerzimpulse erreicht.

5. Manche Ärzte und Psychologen glauben, daß der Masseur durch die Entspannung der Muskulatur auch Geist und Gemüt besänftigen kann. Wilhelm Reich, ein großer Psychologe der Jahrhundertwende, war der Überzeugung, daß viele Menschen ihre Emotionen in ihren Muskeln verbergen und zwischen beiden starke Verbindungen bestehen. Welche – das ist ein Rätsel, aber ebenso gewiß wahr, daß viele sich nach einer Massage auch mental entspannt und voller Wohlbehagen fühlen.

Massagetechniken

***Gleitmassage:* Die Finger gleiten mit festem Druck über die Haut.**

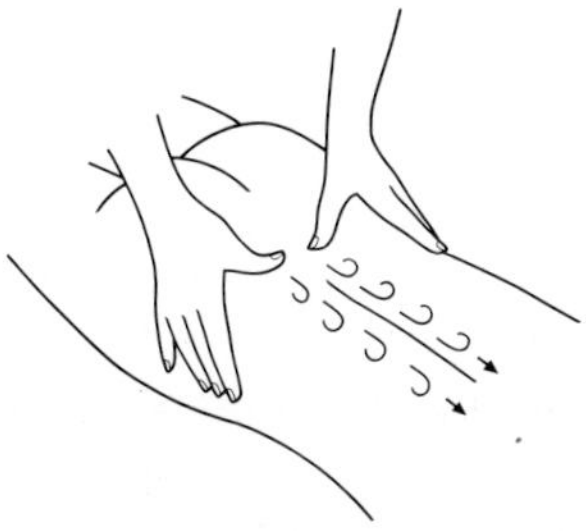

***Klopfmassage:* Stimulation durch Trommeln, Schlagen und Klopfen.**

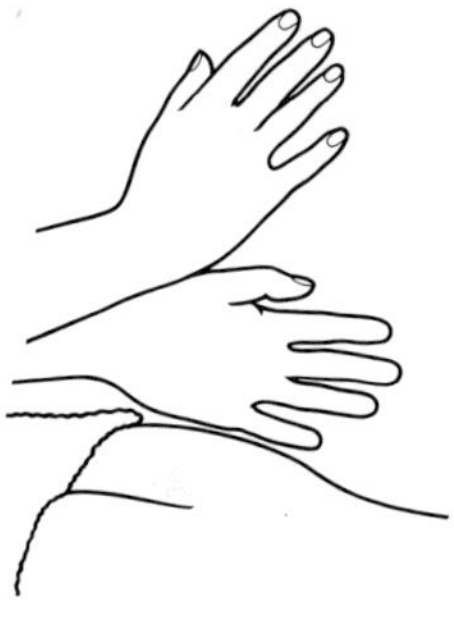

***Effleurage:* Besänftigende, streichende Bewegungen mit der flachen Hand.**

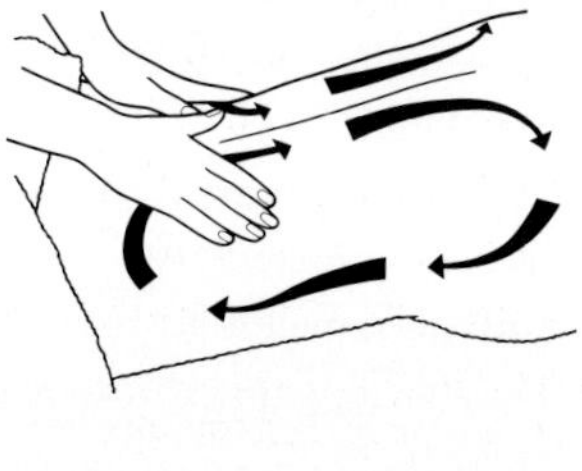

***Petrissage:* Kneifen, Kneten und Rollen der Haut.**

***Vibrationsmassage:* Zartes Pochen und Kreisen auf der Haut.**

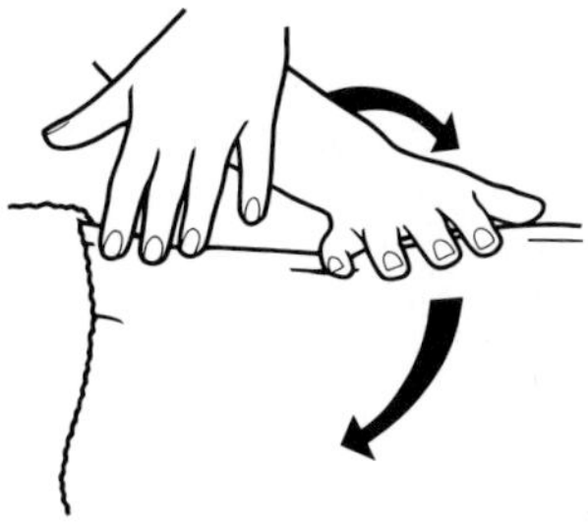

Massage unter Freunden

Die Massage durch einen geschulten Profi ist ein Erlebnis – aber Sie können sie auch zu Hause mit Verwandten oder Freunden genießen, wenn Sie ein paar einfache Anweisungen befolgen.

1. Richten Sie es sich ganz bequem ein: leichte und lockere Kleidung, angenehme Raumtemperatur. Wenn es zu kühl ist, ziehen sich die Muskeln zusammen, werden steif und sind schwer zu massieren. Es sollte auch nicht zu hell sein, schalten Sie gedämpftes Licht ein. Manche empfinden Musik im Hintergrund angenehm und entspannend.

2. Bett oder Sofa federn für eine gute Massage viel zu sehr: Der Boden ist dafür besser geeignet. Legen Sie ein paar Decken auf den Teppich, und wenn Sie mit Öl oder Puder arbeiten, noch ein Handtuch darüber, damit sie nicht verschmutzen.

3. Wenn Sie auf dem Rücken liegen, betten Sie ein kleines Kissen unter den Kopf und unter die Kniekehlen; in der Bauchlage brauchen Sie keine weitere Unterlage.

4. Massageöl macht die Haut geschmeidiger und das Massieren viel leichter. Körperpuder ist nicht ganz so gut, tut es aber auch. Sie können Babyöl genauso wie teurere Sorten verwenden.

5. Man beginnt mit einer Ganzmassage, dem sanften Streichen und Kneten *aller* Muskeln, und konzentriert sich dann auf die Körperpartien, die besonders verspannt sind. Massieren Sie niemals Gelenke oder Wirbelsäule, sondern nur die Muskeln.

Selbstmassage

Wenn Sie keine Freundin oder keinen guten Freund für eine Massage finden, können Sie sich auch selbst helfen. Sie werden nicht alle Körperpartien bearbeiten können, aber immer noch so viele, daß es wohl tut. Halten Sie sich nur vor Augen: Schon wenn Sie ganz automatisch den schmerzenden Rücken strecken oder schmerzende Körperteile reiben, helfen Sie sich instinktiv mit einer ganz einfachen Massagetherapie.

Haben Sie Kopfschmerzen oder einen wehen und steifen Nacken, müssen Sie Schultern und Nacken mit den Fingern durchkneten. Streßbedingtes Kopfweh können Sie loswerden, indem Sie den Nasenrücken zwischen den Augen, die Schläfen neben den Augen und die Partie vor den Ohren massieren.

Wenn Sie die Haare waschen, können Sie die Kopfhaut mit den Fingerspitzen einer gründlichen Massage unterziehen – Sie werden sehen, wie entspannend und beruhigend das wirkt. Auch Füße und Hände sind leicht zu massieren: Sie brauchen nur die ganzen Flächen von den Zehen- oder Fingerspitzen bis zum Fußballen bzw. Handinnern durchzuarbeiten.

Auch eine Katze hilft!

Viele Leute empfinden das Streicheln einer Katze besonders entspannend und beruhigend: Denn wenn Sie eine Katze streicheln, streicheln Sie ja gleichzeitig Ihre Hand – und das löst zarte Nervenreize aus, die entlang der größeren Nervenfasern fließen und die Schmerzübertragung blockieren. Und außerdem tut die Wärme einer Katze auf dem Schoß gut.

Homöopathie

Die Grundgedanken der Homöopathie reichen zurück in die Ursprünge der Medizin, doch die Prinzipien der modernen Homöopathie wurden von Samuel Hahnemann im frühen 19. Jahrhundert entwickelt. Sie gründen auf der Lehre des griechischen Arztes und Philosophen Hippokrates, nach der ein kranker Mensch durch dieselben Substanzen geheilt werden kann, die beim gesunden Menschen die Symptome dieser Krankheit hervorrufen.

Hahnemann machte sich die Kenntnis zunutze, daß man mit Chinarinde (Chinin) das Wechselfieber (heute Malaria genannt) heilen kann, und unternahm als Gesunder einen Selbstversuch mit diesem Mittel. Er war überrascht – aber sicher freudig! –, als er darauf tatsächlich genau die *Symptome* dieses Fiebers entwickelte; und noch mehr, als sie mit dem Absetzen des Mittels prompt verschwanden.

In den folgenden Jahren experimentierte Hahnemann mit allen möglichen Substanzen – Metallen, tierischen und pflanzlichen Stoffen – und entdeckte viele, die ähnliche Symptome wie bekannte Krankheiten auch hervorriefen. Als er 1843 starb, hatte er 99 derartiger Wirkstoffe gefunden. Heute kennt die Homöopathie rund 3000 verschiedene Heilmittel.

Hahnemann entdeckte auch, daß er keine großen Dosierungen brauchte, um die beabsichtigten Wirkungen zu erzielen. Im Gegenteil: je kleiner die Dosis, desto größer der Effekt. Und daraus entstanden die Methoden der modernen Homöopathie. Es werden äußerst geringe Mengen von Heilstoffen verabreicht, um die Abwehrreaktion des Körpers auszulösen und seinen natürlichen Widerstand gegen Krankheiten zu mobilisieren. (Insofern hat die Homöopathie Ähnlichkeit mit einer Schutzimpfung, bei der winzige Mengen infektiöser Organismen dem Körper eingespritzt werden, um seinen Abwehrmechanismus zu stimulieren.)

Die große Auseinandersetzung in der konventionellen Medizin hält immer noch an, ob und wie Homöopathie wirke oder ob ihre Resultate nur eingebildet seien. Aber ihr großer Vorzug ist jedenfalls, daß Nebenwirkungen nur ganz vereinzelt auftreten und von wirklich gefährlichen bei so minimalen Dosierungen nicht die Rede sein kann. Homöopathische Mittel können Sie in der Apotheke bekommen oder sich vom Spezialisten verschreiben lassen. Aber gehen Sie zu einem wirklich fachkundigen Apotheker oder zu einem approbierten Homöopathen. (Bei der Suche nach einem homöopathischen Arzt hilft Ihnen der Deutsche Zentralverein homöopathischer Ärzte, Alte Steige 3, 7272 Altensteig, Tel. 07453/6232. Bitte frankierten Rückumschlag beilegen.)

Autogenes Training

Im 19. Jahrhundert stellten zwei Wissenschaftler in Berlin fest, daß sich einige ihrer Patienten in einen quasi hypnotischen Zustand versetzen konnten, der eine sehr heilsame Wirkung hatte; und daß bei dieser Fähigkeit zur Selbstentspannung sehr viel weniger ärztliche Fürsorge notwendig war als bei Patienten, die dauernd unter Streß und Ängsten standen.

In den zwanziger Jahren deckte der deutsche Nervenarzt Johannes Heinrich Schultz diese frühere Erkenntnis wieder auf und entwickelte das »autogene Training«. In Deutschland ist es sehr populär, in der übrigen Welt weniger bekannt. Manche nennen es die westliche Version von Yoga und Meditation. Autogenes Training besteht aus sechs Grundübungen, deren Sätze man sich immer wiederholt, bis sich der gewünschte Effekt einstellt – und dann geht man zum nächsten Schritt über.

1. Meine Arme und Beine sind schwer ...

2. Meine Arme und Beine sind warm ...

3. Mein Herz schlägt ruhig und gleichmäßig ...

4. Mein Atem geht ruhig und gleichmäßig ...

5. Mein Bauch ist warm ...

6. Meine Stirn ist kühl ...

Obgleich autogenes Training als eine »alternative« Methode gilt, wird sie auch von vielen konventionellen Ärzten angeraten und durch eine Fülle von Untersuchungen als wirkungsvoll nachgewiesen – zuletzt habe ich mehr als 2500 wissenschaftliche Veröffentlichungen dieser Art gezählt. Der Effekt beruht fraglos auf den Selbstheilungskräften des menschlichen Körpers.

Diese »konzentrative Selbstentspannung« ist wohl am ehesten geeignet für Menschen, die für ihr Relaxing eine Anleitung brauchen. Es gibt sicher einfachere und weniger formalisierte Selbsthilfetechniken; aber was wirkt, ist gewiß einer Empfehlung wert, und autogenes Training hat schon vielen gestreßten und angsterfüllten Menschen geholfen.

Darum ist die Methode des autogenen Trainings vor allem jenen Lesern anzuraten, die die einfache Technik der körperlichen und mentalen Entspannung nach Kapitel 13 und 9 zwar sehr schön finden, aber aus diesen oder jenen Gründen Schwierigkeiten haben, sie allein richtig umzusetzen.

Hypnotherapie und Selbsthypnose

Mit Heilung durch Hypnose haben sich schon die Ägypter vor ein paar tausend Jahren beschäftigt, aber erst am Ende des 18. Jahrhunderts haben Hypnose und Hypnotherapie durch die Arbeit Franz Mesmers Geltung erlangt. Den ersten Nachweis, daß Hypnose tatsächlich medizinisch hilfreich sein kann, brachte 1847 der Bericht des Chirurgen James Esdale: Er hatte in Indien 300 chirurgische Eingriffe mit hypnotischer »Betäubung« durchgeführt. Man hätte ihm sicher mehr Aufmerksamkeit geschenkt, wären nicht gleichzeitig Narkose- und Schmerzmittel entwickelt worden; so aber geriet die Hypnose wieder ins medizinische Abseits.

Während der letzten Jahrzehnte ist die Hypnose nun wieder in Mode gekommen, und viele Leute behaupten, sie sei hervorragend geeignet, mit Angstgefühlen, Streß, Panikattacken und zahlreichen streßbedingten Störungen fertig zu werden.

Doch selbst wenn Hypnotherapie jetzt populär geworden ist, braucht man dafür nicht zum Hypnotiseur zu gehen. Nachdem eine solche Fülle von Quacksalbern und Scharlatanen mit höchst bescheidener Ausbildung und Qualifikation auf diesem Feld dilettiert, kann ich guten Gewissens hier nun die Selbsthypnose empfehlen: Die »Tagtraummethode« finden Sie auf den Seiten 73f.

Musik

Vor viertausend Jahren schon haben die Ärzte der Hindu eine sanfte und beruhigende Musik spielen lassen, während sie operierten; und als sie feststellten, daß dies die Patienten entspannte und die Genesung beschleunigte, erklang sie auch in den Krankensälen.

Erst in den vergangenen Jahrzehnten haben wir die heilende Macht der Musik wiederentdeckt. Isaac Sclare in Schottland setzte vor dreißig Jahren zur Heilung psychisch gestörter Patienten weiche und friedvolle Klangfolgen ein, ein italienischer Arzt hat erst kürzlich die Bedeutung verschiedener Musikformen bei der Behandlung emotionaler und mentaler Probleme aufgezeigt, und die Ärzte Borzecki und Zakrzewski der Medizinischen Akademie in Warschau haben klinisch nachgewiesen, daß Musik Schmerzen lindern und beheben kann.

Musik wirkt entspannend und beruhigend. Sie muntert auf, wenn Sie betrübt sind; sie besänftigt, wenn Sie sich verängstigt oder erregt fühlen; sie hilft, Verzweiflungen und Depressionen zu überwinden. Man muß sich dieser Musiktherapie nicht einmal mit Bewußtsein zuwenden. Der pulsierende Rhythmus eines Musikstücks dringt schon zum Kind im Mutterleib durch und wird von ihm wahrgenommen.

Welche Musik Sie wählen, liegt ganz bei Ihren eigenen Vorlieben. Manche finden klassische Musik beruhigend, andere dagegen Hard Rock. Die einen genießen die anrührenden alten Balladen, manche stille Gitarrenklänge, andere lauten Jazz. Es kann Kammermusik sein oder eine Oper oder eigens aufgenommene *relaxing music.*

Mit einem tragbaren Kassettenrecorder und Kopfhörern haben Sie Ihre Lieblingsmusik immer bei sich und stören Ihre Nachbarn nicht – außerdem »verliert« man sich mit Kopfhörern leichter in seiner Musik.

Und schließlich sollten Sie nicht vergessen, daß Musik zu machen mindestens so angenehm ist, wie sie zu hören. Klavier und Gitarre scheinen dabei am meisten Beruhigung und Entspannung auszustrahlen – aber letztlich ist das Instrument ohne Bedeutung, Hauptsache, es gefällt Ihnen.

Heilkräuter

Die Kräuterheilkunde kann mit einiger Berechtigung von sich behaupten, einer der ältesten Medizinzweige zu sein. Tiere haben seit vielen tausend Jahren instinktiv solche Pflanzen gefressen, und die Menschen haben gewiß zu allen Zeiten Kräuter benutzt, um sich zu heilen. Um die Mitte des 19. Jahrhunderts wurden mindestens 90 Prozent aller Arzneimittel aus Pflanzen gewonnen, und die Kräuterheilkunde war zur angewandten Pharmakologie geworden. Doch dann löste die Entwicklung der pharmazeutischen Industrie einen totalen Wandel aus. Heutzutage, auf der Höhe des Chemiezeitalters, wird höchstens noch ein Drittel aller Arzneimittel auf Pflanzenbasis hergestellt – auch wenn die meisten großen Chemiekonzerne auf der Suche nach neuen »Wunderdrogen« noch immer erhebliche Summen in die Erforschung von Pflanzen und traditionellen Kräutermitteln investieren.

Wenn Sie auf diese überlieferten Heilkräuter vertrauen, können Sie die Produkte entweder über einen Kräuterfachmann oder direkt im Fachhandel bekommen. Das Problem ist nur, daß von 350000 bekannten Pflanzen ungefähr 10000 medizinische Eigenschaften haben und nicht immer leicht zu entscheiden ist, welche dieser Kräuter gegen welche Symptome einzusetzen sind.

Auch Kräutermittel sind gewissenhaft anzuwenden, da sie nicht immer »sicher« sind. Sie können so giftig sein wie jedes andere Arzneimittel auch, und wenn sie unsachgemäß zubereitet werden, besteht erhebliche Vergiftungsgefahr. Manchmal begehen sogar Fachleute Fehler: Vor einigen Jahren mußte in England eine Warnung vor einem bestimmten Kräutertee aus Blättern der Schwarzwurz veröffentlicht werden, weil ihm Blätter der Tollkirsche untergemischt worden waren. Einige der als »natürliche Tranquilizer« und »Sedativa« benutzten Kräutermittel können ernsthafte Nebenwirkungen wie Kopfschmerzen, Schwindelgefühle, Bluthochdruck, Hautprobleme, Diarrhö, Halluzinationen, Nervosität und Herzbeschwerden hervorrufen.

Und schließlich gibt es noch das Problem, daß klinische Forschungen zur Bewertung der modernen Kräutermittel selten durchgeführt wurden, so daß man noch immer nicht genau sagen kann, welche Kräuter gegen welche Symptome am besten geeignet sind. Ich habe nur eine einzige Untersuchung gesehen, die mich überzeugte: über Baldrian, ein altbekanntes Beruhigungsmittel. Portugiesische Forscher haben nachgewiesen, daß es so wirkungsvoll ist wie Benzodiazepine – aber ohne Suchtgefahr ist (siehe S. 54). Einige Experten behaupten, daß zu den Nebenwirkungen von Baldrian Schwindelgefühle, Kopfschmerzen, Muskelkrämpfe, Erregbarkeit und Halluzinationen gehören – aber die portugiesischen Mediziner haben nur zwei gefunden: Mundtrockenheit und Schläfrigkeit. Wenn Sie also ein natürliches Beruhigungsmittel nehmen wollen, dann Baldrian. Doch achten Sie auf reine Zusammensetzung, und befolgen Sie den Rat Ihres Arztes und des Herstellers.

Auch wenn es noch wenige klinische Nachweise ihrer Wirksamkeit gibt, werden einige andere Kräutermittel von manchen Ärzten gern gegen streßbedingte Störungen empfohlen. Das variiert zwar von Land zu Land, aber zu den beliebtesten gehören Kamille, Hopfenblüten, Johanniskraut, Lavendel, Melisse und Passionsblume.

Eine Medizin aus den Blüten wilder *Kamille* soll zur Behandlung nervöser Unruhe und Spannungen gut sein und besonders wirkungsvoll bei streßbedingten Problemen des Verdauungstrakts. Auch Arzneimittel aus *Hopfenblüten* scheinen besonders geeignet bei Darmbeschwerden (Reizkolon), die durch Spannungen und Sorgen verursacht sind.

Johanniskraut wirkt nicht nur beruhigend, es soll auch depressive Zustände günstig beeinflussen. Sein aufhellender Einfluß auf die Stimmung tritt freilich erst nach einigen Wochen ein. Schädliche Wirkungen sind nicht zu befürchten. (Vorsicht vor intensiver Sonnenbestrahlung; manche Menschen reagieren lichtempfindlich.)

Lavendel gilt als ebenso beruhigend wie belebend. Viele benutzen ihn als Erfrischung bei Erschöpfungszuständen, aber er wird auch gegen nervöse Beschwerden angewandt. Wie Kamille und Hopfenblüten soll er gegen Magenverstimmungen besonders geeignet sein.

Melisse ist eines der meistverwandten Kräuter zur Behandlung von Anspannung und Niedergeschlagenheit. Oft wird sie bei streßbedingten Magenproblemen eingenommen, und viele halten sie für eine große Hilfe in hektischen und schwierigen Tagen.

Passionsblumen sind ein gern verabreichtes Mittel gegen nervöse Spannung, Reizbarkeit und Unruhe.

Ich will noch einmal betonen, daß diese Kräuterheilmittel zwar meist schon seit Jahrhunderten bei Anspannung, Ängsten und nervösen Störungen verwandt werden, es aber noch immer wenige oder keine klinischen Belege dafür gibt, wie wirkungsvoll oder zuverlässig sie sind. Es steht jedoch ebenso außer Zweifel, daß jedes Heilkraut viele begeisterte Anhänger hat, die von seinem wohltuenden Nutzen überzeugt sind. Es ist zu hoffen, daß die Kräuterheilkunde in Bälde exakte klinische Prüfungsverfahren für ihre Produkte einführt. Im Augenblick können skeptische Ärzte noch sehr leicht ihre traditionellen Vorbehalte damit begründen, daß so manche Naturheilmittel noch nicht den strengen Prüfungen unterzogen worden sind, die bei anerkannten Arzneimitteln vorausgesetzt werden.

Achten Sie bitte auch darauf: Wenn Sie bereits ein anderes Medikament einnehmen, sollten Sie ohne ärztlichen Rat keine Kräutermittel nehmen; wenn Sie Nebenwirkungen oder unerwartete Symptome feststellen, müssen Sie sofort Ihren Arzt informieren; und befolgen Sie immer die Hinweise des Herstellers auf der Packung.

KAPITEL ZWÖLF

Gesunder Schlaf – ohne Pillen

Wichtig für Ihren Schlaf sind seine Tiefe und Dauer. Während Sie schlafen, werden Ihre inneren Batterien wieder aufgeladen. Tagsüber wird Ihr Gehirn mit Abermillionen Splittern und Bits von Informationen gefüttert, und der Schlaf gewährt ihm die einzige wirkliche Ruhepause. Wenn Sie überhaupt längere Zeit nicht das Maß an Schlaf erhalten, das Sie persönlich brauchen, sind Sie müde, gereizt, unbrauchbar und niedergeschlagen.

Der Schlaf gibt Ihrem Körper die Gelegenheit auszuruhen, seine Batterien aufzuladen, seine Kräfte wieder aufzubauen. Tranquilizer und Schlaftabletten werden heute allgemein benutzt, um streßbedingte Schlaflosigkeit zu überwinden. Aber es ist auch allgemein bekannt, daß solche Medikamente viele neue Probleme schaffen können – von der Tablettenabhängigkeit bis – paradoxerweise – zur Schlaflosigkeit. Vergleichen Sie, was ich in Kapitel 6 sagte. Hier will ich Ihnen erklären, wie Sie auch ohne Tabletten gut

Der Schlaf gibt Ihrem Körper die Gelegenheit auszuruhen, seine Batterien aufzuladen, seine Kräfte wieder aufzubauen.

schlafen können. Und ich will auch über die vielen nächtlichen Probleme sprechen, die vielen Menschen Angst und Kummer bereiten. Krämpfe, Beinzucken, Schlafwandeln und Alpträume können den gesunden Nachtschlaf zerrütten und schon den Gedanken an das Zubettgehen zum Problem werden lassen.

Wenn der Schlaf gestört ist, setzt ein verhängnisvoller Kreislauf ein. Je weniger Schlaf Sie haben, desto geringer ist Ihre Widerstandskraft gegen Streß und um so anfälliger werden Sie für neue Sorgen und Ängste. Wenn Sie nicht regelmäßig angenehm und gut schlafen, sind Sie auch weniger gerüstet, mit den vielen Belastungen und täglichen Streßsituationen fertig zu werden, denen Sie unvermeidlich ausgesetzt sind. Ohne Schlaf werden Sie sehr viel eher unter den mit Streß verbundenen physischen und mentalen Störungen leiden. Gesunden Schlaf lernen – das ist ein wesentlicher Schritt zur Abwehr von Streß.

Zuerst müssen Sie herausfinden, *warum* Sie nicht einschlafen können. Meistens ist der Streß daran schuld – aber nicht allein.

○ Wenn Sorgen Sie am Einschlafen hindern, müssen Sie lernen, zu entspannen und Ihre Probleme positiver anzugehen. Lesen Sie dazu noch einmal meine Ratschläge durch.

○ Wenn Lärm Sie wachhält, dann versuchen Sie es einmal mit ein Paar Ohrstöpseln – sie kosten wenig.

○ Wenn Schmerzen, Atembeschwerden oder ähnliches Sie nicht schlafen lassen, dann bitten Sie Ihren Arzt um Rat.

○ Wenn Sie sich einfach nicht müde fühlen, dann haben Sie vielleicht zuviel Schlaf. Manche Leute brauchen nur fünf Stunden und wir alle mit dem Altern weniger.

○ Wenn Sie Hungergefühle haben, dann essen Sie vorher noch einen Happen. Beim Abnehmen braucht man übrigens weniger Schlaf als gewöhnlich, und während einer Fastenkur sollte Ihr letzter Imbiß weniger Kalorien haben. Trinken Sie nichts, was Koffein enthält, und vermeiden Sie die ebenso stimulierenden Zigaretten.

○ Wenn Ihr Bett unbequem ist, brauchen Sie vielleicht ein neues. Durchgelegene Matratzen haben schon manchen Schlaf zerstört.

○ Wenn Ihnen kürzlich neue Tabletten verordnet wurden, dann fragen Sie Ihren Arzt nach einem Zusammenhang. Und denken Sie daran: Beruhigungs- und Schlaftabletten können nach zwei Wochen Schlaflosigkeit verursachen. Aber setzen Sie sie nicht sofort ab (S. 59).

○ Wenn Ihr Schlafzimmer zu stickig ist und Sie nicht genug frische Luft bekommen – dann versuchen Sie, bei geöffnetem Fenster zu schlafen.

○ Wenn Ihnen im Bett kalt ist, dann sollten Sie eine Heizdecke oder eine Wärmflasche nehmen.

○ Wenn Sie Ihre Gedanken nicht abschalten können, dann lesen Sie ein Buch – aber kein so schwieriges.

Tips zum Einschlafen

Wenn sich kein Grund für Ihre Schlaflosigkeit finden läßt, können Sie es mit diesem schlichten Bettzeitprogramm versuchen:

1. Machen Sie noch einen flotten Spaziergang von 10 bis 15 Minuten oder ein paar Gymnastikübungen im Haus. Sie schlafen besser ein, wenn Sie körperlich und nicht nur mental müde sind. Besonders nach Schreibtischarbeit schwirren noch viele Gedanken im Kopf herum und lassen sich nicht vertreiben.
2. Schreiben Sie sämtliche Probleme und Kümmernisse in ein Notizbuch.
3. Nehmen Sie eine Wärmflasche mit ins Bett: Wärme macht schläfrig.
4. Legen Sie sich eine Viertelstunde in ein warmes Bad. Geben Sie dem Wasser ein entspannendes ätherisches Öl bei.
5. Nehmen Sie eine leichte Lektüre mit zu Bett, und schmökern Sie noch ein wenig.
6. Wenn Sie sich müde fühlen, schließen Sie die Augen und denken an etwas Positives, Schönes. Wenn Ihre Phantasie nicht recht mitspielen will, können Sie sich vom Tagtraumszenario auf Seite 73 anregen lassen.
7. Wenn das Einschlafen nicht klappt oder Sie wieder aufwachen, dann machen Sie sich nicht selbst verrückt. Nehmen Sie Ihr Buch wieder zur Hand, und lesen Sie weiter.

Verkürzung des Schlafpensums

Manche Menschen kommen mit sehr wenig Schlaf aus – nur drei oder vier Stunden in der Nacht. Das kann man lernen – genauso wie Astronauten, die durch viele Arbeitsstunden präsent bleiben müssen. Eine Methode, die schon vielen Menschen mit Schlafproblemen geholfen hat: Man geht immer später zu Bett und steht immer früher auf. Dabei soll die Schlafenszeit schrittweise um eine Stunde gekürzt werden. Untersuchungen haben gezeigt, daß bei allmählicher Gewöhnung weder die physische noch die mentale Gesundheit darunter leiden. Der Körper lernt einfach, sein kürzeres Schlafpensum besser zu nutzen.

Die Zuckung beim Einschlafen

Kurz bevor man richtig in Schlaf fällt, tritt manchmal – und das ist ganz normal – eine plötzliche Muskelzuckung auf. Sie ist als »myoklonische Zuckung« bekannt, unangenehm zwar, aber nichts, worum man sich sorgen müßte. Sie kann von dem Gefühl begleitet sein, zu stürzen – manchmal ist es auch ein eingebildetes lautes Geräusch. Die Zuckung wird durch die Entspannung der Muskeln ausgelöst und kann zwar das Herz hämmern lassen, richtet aber keinen weiteren Schaden an.

Schlafwandeln

Schlafwandeln kann einem in jedem Alter zustoßen, obwohl es bei Kindern am häufigsten auftritt. Es ist erblich und trifft Männer eher als Frauen. *Nicht* wahr ist, daß Schlafwandelnde sich nicht verletzen können: Geschichten von Fensterstürzen ohne Verletzungsfolgen sind pure Erfindung – genauso wie die Mär, daß Schlafwandler auf unglaublich schmalen Simsen umhergingen. Wenn jemand in Ihrer Familie davon betroffen ist, sollten Sie alle Fenster und Türen fest verschließen und keine automatischen Öffnungen installieren.

Sprechen im Schlaf

Die meisten Menschen reden gelegentlich im Schlaf – meist über einfache Tagesprobleme, die ihnen noch im Kopf umhergehen.

Beinzucken

Viele Frauen klagen darüber, daß nachts im Bett ihre Beine zucken. Das ist etwas anderes als die »myoklonische Zuckung« und als das »Syndrom unruhiger Beine« bekannt. Heute hält man Koffein für eine der wichtigeren Ursachen. Trinken Sie also weniger bzw. schwächeren Kaffee oder Tee. Wenn Sie zuviel sitzen, schaffen auch leichte Übungen Abhilfe.

Krämpfe

Manche Menschen wachen nachts oft mit Krämpfen in den Unterschenkeln auf. Man führt diesen Schmerz auf die Ablagerung von »Schlakken« in den Muskeln zurück, die sich bei schlechter Durchblutung ansammeln. Tragen Sie keine Schlafanzüge mit engen Bündchen und erst recht keine Socken mit zu engen Gummibündchen.

Gegen die Beschwerden gibt's eine gute Übung: Sie stehen barfuß einen Meter vor der Wand und lehnen sich so weit vor, daß Ihre Hände die Wand berühren, aber Ihre Fersen noch auf dem Boden sind. Diese Position halten Sie zehn Sekunden und wiederholen sie einmal. Machen Sie das dreimal täglich und vor dem Schlafengehen – eine Woche lang.

Wieviel Schlaf brauchen wir?

Das variiert mit dem Alter und von Person zu Person. Babys brauchen 8 bis 16 Stunden und manchmal noch mehr, Erwachsene zwischen 3 und 10 Stunden allnächtlich, der Durchschnitt liegt bei 7 bis 8. Und die meisten von uns schlafen mit den Jahren weniger.

Schadet verlorener Schlaf?

Eigentlich nicht, auch wenn Sie nach mehreren durchwachten Nächten Halluzinationen bekommen können. Wenn Sie eine Nacht Schlaf verloren haben, sollten Sie in der nächsten drei Stunden länger schlafen – oder sobald Sie Ihrem Körper dazu verhelfen können. Für drei verlorene muß man eine Stunde nachholen.

Fakt Eins Zuviel Schlaf macht benommen und beeinträchtigt das Leistungsvermögen. Wenn Menschen länger als gewohnt schlafen – das zeigte ein Experiment mit zwölf Testpersonen –, lösen sie Aufgaben, die Ideen und Geschick erfordern, weniger effizient als üblich.

Fakt Zwei Eine kalifornische Erhebung an 5000 Personen erwies: Bei Menschen mit regelmäßig weniger als sechs Stunden Nachtschlaf ist das Sterblichkeitsrisiko um den Faktor 1,3 höher als bei solchen mit sieben bis acht Stunden.

Fakt Drei Wissenschaftler haben als speziellen SLEEP-Faktor eine Substanz entdeckt, die während des Schlafs im Gehirn produziert wird. Sie besteht aus Glutaminsäure, Alanin, Diaminosäuren und Muraminsäure und könnte dem Patienten in Tablettenform zugeführt werden. Der Haken ist nur, daß man zur Produktion einer einzigen Tablette 4,5 Tonnen menschlichen Urin verarbeiten müßte!

Fakt Vier Die meisten Menschen wachen in der Nacht auf: jüngere Erwachsene im Durchschnitt zweimal, ältere siebenmal.

Fakt Fünf Die meisten Erwachsenen brauchen zum Einschlafen ungefähr zehn Minuten, mit 70 Jahren aber etwa 20 Minuten.

Fakt Sechs Wenn Sie sich vor dem Einschlafen etwas einprägen, erinnern Sie sich eher daran. Aber es ist ein Märchen, daß man im Schlaf durch das Abhören einer Tonaufnahme etwas lernen könne.

Fakt Sieben Als man unter Laborbedingungen das Schlafverhalten von 18 Frauen und Männern prüfte, die sich alle für schlechte Schläfer hielten, stellte sich heraus: Sie brauchten zum Einschlafen etwa sieben Minuten länger als »gute« Schläfer. Ein Mann, der zehn Jahre lang nicht geschlafen haben will, fiel rasch für einige Stunden in Schlaf; und eine Frau, die angeblich niemals schlief, schlief wohlig fünf aufeinanderfolgende Nächte.

Was Träume bedeuten

Die meisten von uns träumen – gewöhnlich mehrmals in der Nacht. Aber obgleich wir uns oft ganz klar an unsere Träume erinnern können, wissen wir meist nicht, was sie bedeuten. Das ist schade, denn sie zu verstehen, kann uns helfen, Ängste zu bekämpfen, Streß zu überwinden und Depression zu verhindern.

Wenn Sie zu Bett gehen, liegen Sie wohl noch einige Minuten wach. Wenn Sie dann schläfrig werden, fallen Sie in ein voraussagbares Schlafmuster. Anfangs ist es ein leichter Schlaf, dann sinken Sie in tiefen Schlaf, der fast eine Stunde dauert. In einer normalen Nacht wiederholt sich dieses Muster fünfmal. Doch vor jedem neuen Schlafzyklus beginnt Ihr Gehirn zu summen, und für zehn bis dreißig Minuten sind Sie im Traumland – einer verrückten, unstrukturierten Welt. Ihr Körper ist ganz entspannt, doch Ihr Gehirn ist in Bewegung.

Diesen Typus nennt man den paradoxen Schlaf oder die REM-Phase: **R**apid **E**ye **M**ovement – weil sich in dieser Phase die Augen unter geschlossenen Lidern rasch und ruckartig bewegen. Während dieser Zeit betreten Sie das Traumland.

In Ihren Träumen können Sie fliegen und durch Wände gehen; aber Sie können auch unfähig sein, in Gefahr davonzulaufen oder zu schreien, wenn Sie Hilfe brauchen. Sigmund Freud hat behauptet, daß unser Unterbewußtsein während des Träumens verborgene Phantasien und Wünsche ausdrückt: Er hielt sexuelle Ängste für die entscheidende Triebkraft. Doch es hat sich herausgestellt, daß auch Psychologen bei der Deutung von Träumen zu völlig irreführenden Ergebnissen kommen können. Die Person, die Ihre Träume am besten auslegen kann, sind Sie selbst. Wenn Sie sich mit ihnen beschäftigen, erfahren Sie viel über Ihre Wünsche, Hoffnungen und Ängste. Hier sind 20 Fragen über Träume, die am häufigsten gestellt werden.

Ich träume nie. Warum nicht?
Sie denken nur, daß Sie nicht träumen; aber Sie tun es! Wir nehmen unsere Träume nur wahr – und erinnern uns daran –, wenn wir dabei aufwachen. Wenn Sie nur während des leichten oder tiefen Schlafs erwachen, werden Sie sich Ihrer Träume nicht erinnern.

Was muß ich tun, um beim Träumen zu erwachen – damit ich mich dann erinnern kann?
Variieren Sie die Zeit des Aufstehens, aber gehen Sie immer zur selben zu Bett. Auf diese Weise erhöht sich die Chance, während des Träumens oder danach zu erwachen. Legen Sie Stift und Papier ans Bett, damit Sie alles ganz schnell aufschreiben können. Wenn Sie aufstehen, schwindet die Erinnerung schnell.

Träumt man mit Schlaftabletten mehr?
Ja.

Welche Menschen träumen am häufigsten?
Dicke Menschen träumen mehr als dünne und Frauen häufiger als Männer: 45 Prozent der Frauen berichten von mehreren Träumen nächtlich, aber nur 34 Prozent der Männer.

**Ich habe sehr oft sexuelle Träume.
Bin ich deshalb sexbesessen?**
Nein. Ein erstaunlicher Anteil von 86 Prozent aller Männer und 72 Prozent aller Frauen hat sexuelle Träume. Manche sind erotisch, manche romantisch und einige schockierend und unverschämt pornographisch. Eine höchst ehrbare Dame erzählte ihrem Arzt, daß sie dauernd von Sexorgien mit den Mannschaftskameraden ihres Mannes träumte; dabei schliefe sie mit jedem – außer mit ihrem Mann. Ihr Traum ließ sich ganz einfach durch sexuelle Frustration erklären: Sie hatte eine komplizierte Schwangerschaft und sollte nicht mit ihrem Mann schlafen, weil es dem Baby hätte schaden können. So suchte sie im »Traumland« Befriedigung bei jedem außer ihrem Mann.

Ich träume manchmal, daß ich vergewaltigt werde, und es bedrückt mich. Was bedeutet es? Die Vorstellung gefällt mir gar nicht.
Sie ringen um einen Ausgleich zwischen Ihren natürlichen sexuellen Trieben und dem Geschlechterverhalten, das Sie von Eltern und Lehrern gelernt haben. Im Traumland haben – und genießen – Sie Sex, ohne dafür die Verantwortung übernehmen zu müssen.

Kann ich mir aussuchen, wovon ich träume?
Ja. Denken Sie beim Einschlafen fest an die Situation oder Person, von der Sie träumen wollen. Aber aufgepaßt! Sie können zwar bis zu einem gewissen Grad das Thema Ihres Traums bestimmen, aber nicht, wie er sich entwickelt. Ihre Pläne für eine romantische Liebesnacht können sich leicht in etwas anderes verkehren.

Ich träume oft, daß ich fliege. Hat das eine bestimmte Bedeutung?
Das kann sein, aber es gibt da viele Variationen. Manche träumen, zu fliegen, wenn sie von einer Klippe stürzen, andere nach dem Sturz aus einem Flugzeug oder auch einem Fenster. Es wird behauptet, daß diese Träume vom Fliegen Sex bedeuten. Wenn es Sie beunruhigt, sind Sie durch Sex beunruhigt. Wenn Sie es genießen, genießen Sie Sex und wollen mehr davon. Aber es gibt auch andere Erklärungen. Vielleicht träumen Sie vom Fliegen, weil Ihre Karriere »abhebt«. Oder wenn Sie tief fallen, daß Sie spüren, Ihr Leben gerät außer Kontrolle.

Sie merken schon: Vieles ist im Grunde möglich. Die Auswahl müssen Sie treffen. Von besonderer Wichtigkeit ist auch, wie Sie fliegen. War es schwierig, in die Luft zu kommen? Was kam danach? Ein Absturz? Ein sanftes Zurückgleiten? Sind Sie wie ein Vogel dahingeglitten? Majestätisch wie ein Adler oder rüttelnd wie ein Falke? Grundsätzlich kann man die Fähigkeit, im Traum zu fliegen, auch als ein Zeichen für Unbeschwertheit interpretieren. Als eine Freiheit, die man momentan durchlebt oder einmal erlebt hat. Versuchen Sie herauszubekommen, was für Sie zutrifft.

Ich träume oft, nackt in der Öffentlichkeit zu stehen, und es ist immer sehr peinlich. Was bedeutet es?

Das ist ein sehr verbreiteter Traum. Wie bei allen anderen Träumen auch, kann es viele Interpretationen geben. Man geht nackt über die Straße oder durch eine Party, und jeder sieht auf einen herab. Solche Träume lassen vermuten, daß Sie sich unzulänglich oder unterlegen fühlen. Wenn Sie die Leute identifizieren können, die auf Sie herabsehen, wissen Sie wahrscheinlich, wem gegenüber Sie sich so fühlen.

Nach Freuds Auffassung steckt hinter dem beinahe jedem bekannten Erlebnis, im Traum nackt oder nur spärlich bekleidet zu sein, der alte Kindheitswunsch, nackt herumzulaufen und die Kleider abzustreifen. Die Peinlichkeit, die man dabei im Traum häufig empfindet, sei nur die Korrektur, mit der der Träumer sich den Moralvorstellungen anpaßt. Nach Sigmund Freud ist der Traum »Die Erfüllung eines (verdrängten) Wunsches«. In seinem Buch *Traumdeutung* führt Freud eine Fülle von Beispielen dafür an, wie sehr unsere Wünsche vom Gewissen zensiert werden und so meist gar nicht mehr direkt erkannt werden können.

In meinen Träumen wandle ich oft zurück in die Geschichte und finde mich in einem Kostümstück wieder.

Wahrscheinlich fühlen Sie sich in Ihrem Leben unglücklich und halten das Leben in einer anderen Zeit für unterhaltsamer, romantischer oder aufregender.

Können Träume die Zukunft voraussagen?

Viele Menschen behaupten, sie hätten die Zukunft schon in ihren Träumen gesehen. Eine wachsende Zahl von Wissenschaftlern glaubt inzwischen, daß Vorahnungen – im Wach- oder Traumzustand – so »real« sein können wie andere Sinnesempfindungen auch. Wenn Sie jedoch regelmäßig träumen, daß Ihnen oder Ihren Lieben schreckliche Dinge zustoßen, dann ist fast mit Gewißheit zu sagen, daß Sie nicht von Ereignissen träumen, die eintreten werden, sondern von solchen, die Sie fürchten.

In meinen Träumen tritt oft eine Königin auf. Warum?

Ihre »Königin« steht mit ziemlicher Sicherheit für eine Person, die in Ihrem Leben eine bedeutende Rolle spielt. Wie Sie sich dieser Figur gegenüber im Traum verhalten, so empfinden Sie für die reale Person. Sind Sie eingeschüchtert? Oder kommen Sie gut mit ihr zurecht? Es sollte nicht sehr schwierig sein, die Person hinter Ihrem Traum zu identifizieren: Wahrscheinlich ist es ein Vorgesetzter oder eine andere Autoritätsperson.

In meinen Träumen verpasse ich immer den Zug. Gibt es dafür eine Erklärung?

Auch das Traumbild, einen Zug zu verpassen, gehört zu den Standardträumen. Was frühere Menschen an seiner Stelle wohl träumten, als es noch keine Züge gab?

Es kann bedeuten, daß Sie in eine Sache verwickelt sind, der Sie nicht über den Weg trauen. Es kann heißen, daß Sie anstehenden Entscheidungen gerne ausweichen möchten, aber nicht können. Nebenbei: Wenn Sie den Zug dann öfter einmal erreichen, so bedeutet es, daß Ihr Zutrauen wächst und Sie mit Zuversicht in die Zukunft schauen.

Träume hatten für die Menschen vergangener Zeitalter eine weitaus größere Bedeutung als für uns, und die Traumdeutung galt als heilige Handlung. Aus der Bibel ist die Erzählung von Joseph bekannt, der dem ägyptischen Pharao den Traum von den sieben fetten und den sieben mageren Jahren auslegte. Bei den Hopi-Indianern werden heute noch Träume öffentlich erzählt; dies ist dort sogar einer der wenigen gesellschaftlich gebilligten Wege, sich vor anderen ins Zentrum der Aufmerksamkeit zu setzen.

Ich träume oft vom Tod, und das macht mir Sorge.

Das ist nicht notwendig. Ein Traum vom Tod kann bedeuten, daß etwas Einschneidendes in Ihrem Leben geschieht – ein neuer Job oder eine neue Beziehung zum Beispiel.

Ich träume oft, auf einer Party zu sein und mich da richtig wohl zu fühlen. Es ist ein sehr erfreulicher Traum – aber was hat er zu bedeuten?

Wenn es Ihnen gut gefällt, aber alle anderen umher leicht überdrüssig oder unbeteiligt ausschauen, dann spüren Sie vielleicht unterbewußt, daß Sie zu sehr auf Ihren Gewinn bedacht sind. Vielleicht nehmen Sie sich zuviel heraus – und geben zuwenig zurück. Wenn Sie sich hingegen miserabel gefühlt hätten und alle anderen wohl, wäre die Erklärung, daß man Ihnen übel mitgespielt hat. Im Traum symbolisieren Essen und Trinken eher emotionale als physische Bedürfnisse.

Ich träume oft von Film- und Fernsehstars. Was besagt das?

Vielleicht wünschen Sie sich ein aufregenderes Leben und Ihr Traum ist einfach eine Flucht. Aber wie benehmen Sie sich gegenüber den Stars? Wenn Sie gut mit ihnen auskommen, ist Ihr Selbstvertrauen hoch; wenn Sie sich unterlegen fühlen, könnte es einen Anstoß vertragen.

Gegen Ende des vergangenen Jahrhunderts entdeckte der Wiener Arzt Sigmund Freud das Phänomen der »Freien Assoziation«: Patienten, die wegen ihrer neurotischen Beschwerden zu ihm kamen, hatte es oft geholfen, wenn sie sich zwanglos, ohne besondere Absicht, ihren Gedanken überließen und diese aussprachen. Immer wieder kamen dabei Erinnerungen zum Vorschein, die im Sinne einer seelischen Befreiung zur Besserung der Beschwerden beitrugen. (Jürgen vom Scheidt: *Geheimnis der Träume. Wie man sie entschlüsseln und sich selbst besser verstehen kann,* Mosaik, München 1992.)

In meinen Träumen kommt immer Wasser vor. Gibt es dafür eine Erklärung?

Vielleicht haben Sie Angst vor Wasser, das als Symbol des Unbewußten wie das wirkliche Wasser gefährlich werden kann, wenn es seine Grenzen überschreitet. Eindrucksvoll ist in diesem Zusammenhang ein Traum, den Albrecht Dürer hatte. Er war davon so beeindruckt, daß er ihn in einem Aquarell festhielt und dazu folgenden Text schrieb: »Im Jahre 1552 nach dem Pfingsttag in der Nacht zwischen Dienstag und Mittwoch habe ich im Schlafe diese Erscheinung gesehen, wie viele große Wasser vom Himmel fielen. Und das erste traf das Erdreich ungefähr vier Meilen von mir mit einer großen Grausamkeit und übergroßem Rauschen und Zerspritzen und ertränkte das ganze Land. Und ich erschrak so sehr, daß mir, als ich erwachte, der ganze Körper zitterte.« Aber Wasser kann auch etwas Positives sein, und wo es strömt oder als See ruht, ist der Traum gut.

In meinen Träumen wimmelt es von Würmern. Das ist schrecklich. Was zum Teufel soll das?

Würmer lassen vermuten, daß etwas »faul« ist in Ihrem Leben. Vielleicht verbergen Sie etwas oder haben Schuld auf sich geladen und haben Angst vor Entdeckung.

Ich träume davon, lebendig begraben zu werden.

Wahrscheinlich werden Sie unter der täglichen Last und Verantwortung »begraben«. Vielleicht fühlen Sie sich von jemandem unterdrückt oder beherrscht. Sie müssen in Ihrem Leben eine Antwort darauf finden.

»Es wäre nun ein Irrtum zu meinen, wenn jemand vom Tod träumt, dann würde dieser auch unvermeidlich eintreten! Ganz im Gegenteil zeigt die Erfahrung mit vielen Träumen dieser Art, daß solche Ahnungen von Tod und Sterben in der Regel symbolisch zu verstehen sind als ein allgemeines »Stirb und werde« und somit viel mehr auf den Prozeß einer seelisch-geistigen Wandlung hinweisen, die entweder schon im Gang ist (und vom Träumer nur noch nicht so recht wahrgenommen wird) oder die bevorsteht.« (Jürgen vom Scheidt: *Geheimnis der Träume. Wie man sie entschlüsseln und sich selbst besser verstehen kann,* Mosaik, München 1992.)

KAPITEL DREIZEHN

Wie man Panikattacken bewältigt

Gelegentlich scheinen unsere Ängste außer Kontrolle zu geraten. Wenn Sie je eine Panikattacke hatten, wissen Sie, wie treffend diese Wortwahl ist. Eine halbe Million Bundesbürger leidet darunter; auch unter Kindern und Schülern kann es zu solchen Angstzuständen kommen. Die Ursachen sind vielfältig; die Angst vor der Angst ist immer dabei.

Diese pathologischen Anfälle – die entsetzlich sein können – sind gewöhnlich ein Zeichen, daß Ängste außer Kontrolle geraten sind. Sie kündigen sich durch vegetative Symptome an, wie Schwächegefühl, Schweißausbrüche, Atemnot, Herzklopfen, Magenflattern, Konzentrationsunfähigkeit, Schütteln und Zittern, Kopfschmerz und Mundtrockenheit. Panikattacken können durch chemische Stoffe und Drogen wie Koffein oder Teein ausgelöst werden – oder ganz unmittelbar durch Streß.

An der Washington-Universität in St. Louis, Missouri, wurden menschliche Versuchskaninchen einem solchen Experiment ausgesetzt. Man erklärte ihnen, sie würden demnächst Elektroschocks erhalten; und sie würden um so stärker sein, je länger es bis dahin dauere. Wen wundert es, daß die Angst der – freiwilligen – Testpersonen mehr und mehr wuchs und schließlich in Panikattacken ausartete.

Daran ist zu sehen, daß sich Panikattacken durch die allmähliche Ausbildung und Stauung von Angstgefühlen entwickeln. Am besten begegnet man ihnen, wenn man es nicht zuläßt, daß sich Ängste aufbauen. Und: Sie dürfen sich gar nicht erst anstauen. Das geht einmal ganz hervorragend durch regelmäßige sanfte Übungen, wie sie in Kapitel 10 beschrieben sind. Sie bauen die Muskelspannung ab, senken die Herzfrequenz und reduzieren die Streßhormone. Außerdem sollten Sie die Ratschläge in Kapitel 8 und 9 zur Entspannung von Körper und Geist beherzigen.

Wenn sich trotz dieser Vorbeugemaßnahmen ein Anfall ankündigt, dann sind Sie jedenfalls gewappnet und können durch ganz langsames und tiefes Atmen Ihren Körper beruhigen und die aufkeimenden panischen Anzeichen unter Kontrolle bringen. (Ein hilfreiches Buch zu diesem Thema: Brasch, Christine / Richberg, Inga-Maria: *Die Angst aus heiterem Himmel. Panikattacken und wie man sie überwinden kann,* München 1990.)

KAPITEL VIERZEHN

Positive Emotionen nutzen und negative überwinden

Wie sorgfältig Sie es auch anstellen, unnötige Streßbelastungen auf ein Minimum zu schrauben; wie geschickt Sie auch sind, Ihre Widerstandsfähigkeit gegen Streß und Druck maximal zu entwickeln – es gibt immer Situationen, in denen der Streß Ihre Abwehr durchbricht. In solchen Augenblicken werden Sie natürlicherweise kaum vernünftig, logisch und analytisch reagieren, sondern instinktiv und emotional. Es hängt vom Anlaß ab (und welche Empfindungen er auslöst), ob Ihnen dann nach Weinen, Schreien, Lachen oder Verzweifeln zumute ist.

Doch im wirklichen Leben geht es nicht so eindeutig zu: Wie oft bleiben unsere natürlichen Reaktionen anderen gegenüber verborgen.

Auf den ersten Blick scheinen unsere emotionalen Reaktionen automatisch und jenseits bewußter Kontrolle zu sein. Und auch Sie mögen glauben: Wenn ich traurig

Auf den ersten Blick scheinen unsere emotionalen Reaktionen automatisch und jenseits bewußter Kontrolle zu sein.

werde, weine ich, und wenn ich wütend werde, schreie ich. Aber der Zusammenhang von Streß und Emotion ist so einfach nicht. Die emotionale Reaktion auf eine bestimmte Situation wird oft von Verhaltensmustern bestimmt, die man vor vielen Jahren von Eltern, Lehrern und Freunden gelernt hat – oder sie folgt dem Muster allgemein populärer oder verehrter eigener Vorbilder. Unterbewußt wird jede natürliche, gesunde Reaktion beherrscht und kontrolliert durch eine verstandesmäßige Reaktion. Anstatt zu heulen, beißen wir die Zähne zusammen; anstatt zu schreien, drehen wir uns um und fressen den Ärger in uns hinein.

Auch wenn diese verstandesmäßige »Überreaktion« von gewissem sozialen Wert ist (Sie machen sich öffentlich nicht zum Narren): Sie schadet Ihrer Gesundheit und erhöht drastisch die Gefahr, daß der Streß, der sich angesammelt hat, Ihr physisches und mentales Gleichgewicht am Ende völlig außer Kraft setzt. Wieviel gesünder ist es umgekehrt: Je vollkommener Sie sich Ihren – positiven oder negativen – Emotionen überlassen, desto besser können Sie sich gegen derartige Streßbeschädigungen schützen und fühlen sich ausgeglichen, zufrieden, gesund.

Wie ich schon ausführte, werden heutzutage viele Krankheiten durch Streß verursacht und viele Beschwerden dadurch schlimmer. Wir machen uns seelisch krank und bringen uns damit um. Sorgen, Angst, Streß und Druck können gewaltige Qualen und sehr reale Schmerzen bereiten. Doch wenn uns negative Gedanken krank machen können – dann können uns umgekehrt positive, frohe Gedanken, Liebe und Gemeinschaftssinn dabei helfen, gesund zu bleiben und Krankheiten zu überwinden.

Während der letzten Jahre sind einige bemerkenswerte wissenschaftliche Arbeiten geleistet worden, um herauszufinden, auf welche Weise sich echte Krankheiten durch positives Denken heilen lassen. So hat ein Arzt zum Beispiel ein Experiment mit 200 seiner Patienten durchgeführt, die zwar alle irgendwelche Beschwerden hatten – als wirklich krank konnte man freilich keinen bezeichnen.

Er teilte seine Klientel in zwei Gruppen. Die Patienten der einen wurden zwar sorgfältig behandelt, doch ohne klare Aussicht auf baldige Besserung; denen der anderen Gruppe wurde überzeugend versichert, sie würden sich in wenigen Tagen besser fühlen. Schon nach kurzer Zeit stellte der Arzt eine bemerkenswerte Differenz fest. Nahezu zwei Dritteln der Patienten, die positiv ermutigt worden waren, ging es besser – aber nur einem Drittel jener, denen diese Ermutigung fehlte.

Lachen ist die beste Medizin

Es klingt abgedroschen, doch es ist wahr: Lachen *ist* die beste Medizin. Wenn Sie lachen, ist das eine Wohltat für den ganzen Körper: Es trainiert die Lungen und bringt das Herz in Schwung, und vor allem werden besondere heilsame Hormone im Körper freigesetzt. Nach einem herzhaften Lachen ist der Blutdruck niedriger, der Atem geht leichter, und Sie schlafen besser. Schon nach einem kleinen Lächeln werden Sie sich ruhiger und gelöster fühlen. Es wirkt auf zwei ganz verschiedene Arten.

Einmal finden Sie die Leute sympathischer, wenn Sie sie anlächeln. Jeder möchte anderen gefallen – das ist eine natürliche und ganz verständliche menschliche Regung. Ein Lächeln ist der Schlüssel, der Glück erschließt. Betrachten

Komische Filme befreien von Streß und schützen den Körper vor Streßstörungen.

Sie eine Mutter mit ihrem Baby, zwei Liebende, einen Verkäufer mit seinem Kunden: Alle lächeln sie.

Zum anderen fühlen auch Sie selbst sich besser. Nichts überwindet Traurigkeit, Mißmut oder Gereiztheit so wirkungsvoll wie ein Lächeln. Versuchen Sie es. Zaubern Sie ein heiteres Lächeln auf Ihr Gesicht, und es wird Ihnen schwerfallen, weiterhin traurig zu sein.

Bringen Sie mehr Lachen in Ihr Leben, und nehmen Sie sich nicht zu ernst. Sie müssen gar nicht so wichtigtuerisch auftreten, um den Respekt der Leute zu gewinnen. Beobachten Sie sich gelegentlich selbst im Gespräch, und versuchen Sie, sich mit den Augen anderer zu sehen. Suchen Sie sich nach Möglichkeit eine heitere Umgebung. Wenn Sie Ihre ganze Zeit mit Schwarzsehern und Menschen mit langen Gesichtern verbringen, sehen Sie am Ende selbst noch schwarz. Schlechte Stimmung ist so ansteckend wie Masern. Heitere und fröhliche Menschen machen auch Sie heiter und fröhlich. Leute, die Sie lächeln und lachen machen, machen Sie gesünder und glücklicher. Halten Sie ein paar komische Bücher und Filme parat, und schauen Sie hinein, wenn Sie niedergeschlagen sind. Genieren Sie sich nicht, sich auch mit Kinderkram aufzuheitern. Ich kenne einen Geschäftsmann, der auf der Zugfahrt Comics liest – versteckt hinter den Seiten seiner Börsenzeitung. Er sagt, das entspanne und mache nach dem harten Tagesjob gute Stimmung. Aber passen Sie auf, nicht jede Art Humor ist gut für die Gesundheit. Generell gilt: Am besten ist die herzhaft erfrischende, geradheraus komische Sorte. Der bissige und schwarze Humor macht eher krank, besonders wenn er auf Kosten anderer Leute geht und unbehaglich ist.

Weinen – kein Zeichen von Schwäche

Millionen Männer halten Weinen für weibisch. Wenn Politiker oder Sportler bei einer Niederlage oder selbst aus Trauer oder Wut in der Öffentlichkeit weinten, hätte ihre Karriere schnell einen Knick. Immer noch werden weinende Jungen von ihren Vätern ermahnt, nicht soviel Gefühl zu zeigen. Sogar manche Frauen halten Weinen für ein Zeichen von Schwäche.

Weinen ist eine gesunde Reaktion auf Streß: Der australische Premierminister Bob Hawke bei einem Fernsehauftritt.

Das ist tragisch und ein Fehler, denn Weinen ist eine sehr gesunde Art, mit seinem Unglück umzugehen. Wer sich das Weinen verbietet, beraubt sich eines wichtigen und wirkungsvollen Entlastungsventils. Weinen ist eine natürliche, nützliche Reaktion auf schwierige, deprimierende oder ärgerliche Umstände. Menschen, die niemals weinen, erschweren sich das Leben und geraten in Gefahr, sich ernstliche physische oder mentale Leiden zuzuziehen. Menschen, die sich das Weinen versagen und ihre emotionalen Gefühle in sich verschließen, können depressiv und herzkrank werden oder Bluthochdruck entwikkeln. Es ist kein Zufall, daß britische Männer – die Weinen für gänzlich unakzeptabel erachten – so häufig am Herzen erkranken.

Weinen hilft auf mehrere Weise. Es macht deutlich, daß wir Unterstützung, Beistand und Ermutigung brauchen – und darum werden wir diese Zuwendung von unseren Mitmenschen auch eher erhalten.

Außerdem ist inzwischen wissenschaftlich belegt, daß Weinen den Körper von chemischen Stoffen befreit, die uns andernfalls schaden würden. Die Tränen, die wir aus innerer Bewegung weinen, sind ganz anderer Natur als jene, die uns der Wind aus den Augen treibt. Sie enthalten eine chemische Substanz, die Streß leichter abbaut.

Wir brauchen einander

Wir brauchen jemanden, den wir liebkosen und lieb haben können, mit dem wir reden, zusammen sein und Probleme teilen können. Alleinsein ist etwas für Kühlschränke und Aktenregister – Menschen brauchen Liebe.

Das Gefühl, geliebt und umsorgt zu sein, ist so stark, daß ich gewiß alle Tablettenrezepte zerreißen könnte, wenn sich nur jedem Mann, jeder Frau und jedem Kind auf dieser Erde eine Umarmung am Abend und ein Kuß am Morgen verordnen ließe. Versicherungsgesellschaften haben festgestellt, daß ein Kuß am Morgen die Gefahr eines Verkehrsunfalls auf dem Weg zur Arbeit drastisch verringert. Ein Kuß ist eine Art Schutzimpfung gegen Streß – die Gewißheit, daß man auf dieser Welt nicht allein ist.

Täglich geküßt und umarmt, lebt man/frau im Durchschnitt fünf Jahre länger als ungeküßt. Kinder, die nicht geküßt und geherzt werden, werden emotional unstabil und extrem anfällig für Angst, Streß und Druck. Alte Menschen, die allein und ohne Freunde und Fürsorge leben, leiden eher unter physischen und psychischen Erkrankungen als alte Leute mit Freunden. Die heilende Kraft einer warmen Umarmung ist so wichtig, daß manche Kliniken heute Doppelbetten einrichten, damit sich Lebensgefährten durch körperliche Nähe Beistand leisten können.

Wer Single ist, lebt in einer hohen Risikogruppe. Er wird wahrscheinlich eher an durch Streß verursachten Leiden erkranken und wahrscheinlich auch früher sterben. Aber als Single können Sie dieses Risiko drastisch senken, wenn Sie gute Freunde haben. Es muß kein sexueller Partner sein – nur jemand, der sich um Sie kümmert, ein Freund, eine Freundin, den oder die auch Sie mögen und der Ihnen am Herzen liegt. Lieben – und geliebt zu werden – wirkt so stark, weil wir wissen, daß wir nicht allein sind. Und in unserer modernen Welt leidet man leicht unter Einsamkeit.

Ich bekomme eine Fülle von Briefen von Menschen, die nicht wirklich krank sind; sie sind nur einsam. Sie brauchen keine Tabletten, sie brauchen Liebe. Wir alle sollten unsere Freunde pflegen, denn Freundschaft – und nicht sexuelle Liebe – ist es, die uns ermutigt und stark macht.

Wenn wir Freunde haben, die uns am Herzen liegen, dann werden wir jedweder Krankheit mit mehr Kraft und mehr Hoffnung entgegentreten.

Freundschaft kann die dunkelsten Momente unseres Lebens erhellen. Der wirkliche Wohlstand mißt sich nicht an Besitz, sondern an Liebe und Freundschaft.

Mit Ärger positiv umgehen

Wie jeder andere geraten auch Sie von Zeit zu Zeit in Wut. Zorn und Ärger sind ganz natürliche und ziemlich gesunde Reaktionen auf stressige Umstände. Verärgerung wird erst zum destruktiven und gefährlichen Problem, wenn sie sich innerlich anstaut: Es ist kein Fehler, seinen Ärger zuzugeben und gelegentlich auch herauszulassen.

Wenn Sie merken, daß Sie sich ärgern – dann überlegen Sie kurz, ob die Sache das wert und der Ärger berechtigt ist. Und wenn Sie auf beides mit Ja antworten, dann unterdrücken oder verbergen Sie ihn nicht länger: Lassen Sie ihn heraus und folgen Sie nach Möglichkeit Ihrem instinktiven Verlangen. Ich meine natürlich nicht, daß Sie nun auf jeden losgehen sollen, der sie geärgert hat. Es wäre wenig hilfreich. Aber Sie können Ihr Übermaß an Ärger auch auf einfache und effektive Weise loswerden. Manche reagieren sich auf dem Sportplatz oder durch Gymnastik ab. Andere dreschen lustvoll auf den Tennisball ein oder spielen Squash (allzu gut werden sie dann freilich nicht spielen). Auch Haus- oder Gartenarbeit ist nicht schlecht, ganz besonders gut ist Holzhacken!

Sonnige Seiten

Vor unserem medizinischen Abschlußexamen standen wir alle unter fürchterlichem Druck. Nie werde ich vergessen, wie zwei Studienfreunde darauf reagierten. Der eine – nennen wir ihn Jack – war ganz pessimistisch: Er werde bestimmt durchfallen. Der andere – er soll Chris heißen – war ein wilder Optimist: unbekümmert, wenig fleißig, es wird schon klappen! Jack bestand das Examen, Chris fiel durch. Aber keiner von beiden reagierte darauf so, wie man vielleicht erwartet hätte.

Jack starrte weiter düster in die Zukunft und sorgte sich um seine erste Stelle als Assistenzarzt. Chris blieb fröhlich, auch wenn es ihn weitere sechs Monate Studium kostete, und lachte: »Das heißt, ich brauche keine Einkommensteuer zu zahlen!« Das war vor 20 Jahren. Kürzlich bin ich beiden wieder begegnet.

Jack ist heute gefragter Facharzt an einer Klinik. Er hat gefährlich hohen Blutdruck und die ersten Herzgeschichten hinter sich. Er macht sich um alles und jedes Sorgen.

Chris ist Hausarzt. Er ist so sorglos und optimistisch wie eh und je und genießt sein Leben. Er hat Übergewicht und trinkt zuviel, ist aber bei ziemlich guter Gesundheit.

Nicht alle Menschen kann man so eindeutig als Pessimisten oder Optimisten bezeichnen, aber die meisten sind mehr das eine oder das andere. Pessimisten sehen meist die düstere Seite und sind eher in schlechter gesundheitlicher Verfassung. Optimisten lassen ihre Fehler hinter sich, schauen auf die sonnigen Seiten des Lebens und sind gewöhnlich bei guter Gesundheit.

Wenn Sie von Natur aus Pessimist sind, werden Sie das kaum umkehren und zum überzeugten Optimisten werden können. Aber Sie können Ihren natürlichen Pessimismus durchaus mit einem kräftigen Schuß Optimismus durchsetzen. Das Leben hat nicht nur düstere Seiten, werfen Sie auch einen Blick auf seine sonnigen Seiten. Denken Sie positiv. Und wenn das nicht immer möglich ist – dann suchen Sie wenigstens nach dem Silberstreif am Horizont.

BILDNACHWEIS

Allsport, London: Tony Duffy 76, C. Matos 65, Mike Powell 63
Kobal Collection, London 64, 122
Mirror Australian Telegraph Publications, Surry Hills, NSW 123
Reed International Books: Peter Chadwick 102,
Rex Features Limited, London 15:
Patrick Durand/Sipa Press 12, Malanca/Sipa Press 7
Spectrum Colour Library, London 72
Tony Stone Photolibrary, London: Paolo Negri 47,
Andre Perlstein 2, 121, Chad Slattery 71
ZEFA, London 14, 74, 119: Stockmarket 17

Spezialfotografie

Richard Truscott 4, 10, 11, 22, 24, 29, 55, 67, 75, 77, 79, 82, 83,
85, 91, 92, 93, 99, 101, 111, 124

Illustrationen

Kevin O'Keefe 35
Robin Heighway – Bury 43

Zeichnungen

Jared Gibey 41, 104, 105

Design/Art Direction

Sarah Pollock